LIBERDADE PERSEGUIDA
DO SONHO AMERICANO A ALGUNS MESES EM UMA PRISÃO FEDERAL

Editora Appris Ltda.
1.ª Edição - Copyright© 2023 da autora
Direitos de Edição Reservados à Editora Appris Ltda.

Nenhuma parte desta obra poderá ser utilizada indevidamente, sem estar de acordo com a Lei nº 9.610/98. Se incorreções forem encontradas, serão de exclusiva responsabilidade de seus organizadores. Foi realizado o Depósito Legal na Fundação Biblioteca Nacional, de acordo com as Leis nºs 10.994, de 14/12/2004, e 12.192, de 14/01/2010.

Catalogação na Fonte
Elaborado por: Josefina A. S. Guedes
Bibliotecária CRB 9/870

N244l 2023	Nascimento, Janaina Liberdade perseguida: do sonho americano a alguns meses em uma prisão federal / Janaina Nascimento. - 1. ed. - Curitiba : Appris, 2023. 232 p. ; 23 cm.
	ISBN 978-65-250-3940-4
	1. Memória autobiográfica. 2. Amor. 3. Perseverança. 4. Liberdade. I. Título.
	CDD – 808.66092

Appris
editora

Editora e Livraria Appris Ltda.
Av. Manoel Ribas, 2265 – Mercês
Curitiba/PR – CEP: 80810-002
Tel. (41) 3156 - 4731
www.editoraappris.com.br

Printed in Brazil
Impresso no Brasil

Janaina Nascimento

LIBERDADE PERSEGUIDA
DO SONHO AMERICANO A ALGUNS MESES EM UMA PRISÃO FEDERAL

FICHA TÉCNICA

EDITORIAL	Augusto Vidal de Andrade Coelho
	Sara C. de Andrade Coelho
COMITÊ EDITORIAL	Marli Caetano
	Andréa Barbosa Gouveia (UFPR)
	Jacques de Lima Ferreira (UP)
	Marilda Aparecida Behrens (PUCPR)
	Ana El Achkar (UNIVERSO/RJ)
	Conrado Moreira Mendes (PUC-MG)
	Eliete Correia dos Santos (UEPB)
	Fabiano Santos (UERJ/IESP)
	Francinete Fernandes de Sousa (UEPB)
	Francisco Carlos Duarte (PUCPR)
	Francisco de Assis (Fiam-Faam, SP, Brasil)
	Juliana Reichert Assunção Tonelli (UEL)
	Maria Aparecida Barbosa (USP)
	Maria Helena Zamora (PUC-Rio)
	Maria Margarida de Andrade (Umack)
	Roque Ismael da Costa Güllich (UFFS)
	Toni Reis (UFPR)
	Valdomiro de Oliveira (UFPR)
	Valério Brusamolin (IFPR)
SUPERVISOR DA PRODUÇÃO	Renata Cristina Lopes Miccelli
ASSESSORIA EDITORIAL	Débora Sauaf
REVISÃO	Ana Paula Luccisano
	Josiana Araújo Akamine
PRODUÇÃO EDITORIAL	Raquel Fuchs
DIAGRAMAÇÃO	Alessa Berti
CAPA	Bruno Nascimento
REVISÃO DE PROVA	William Rodrigues

Escrevi para curar.

*A todos que, mesmo no escuro absoluto da alma,
reencontraram sua luz!!!*

AGRADECIMENTOS

Agradeço à minha mãe por estar sempre do meu lado, apoiando-me e abastecendo-me de força e palavras que não me deixaram desistir. Não só quero agradecer, mas também pedir desculpas por tê-la feito sofrer tanto, mesmo sem intenção: te amo, com todo meu coração!!!

À Joice Toledo que, sempre com palavras de amor e gestos de carinho, deixou meu caminho menos pesado e, sempre que podia, dirigia quatro horas para passar alguns dias comigo e me tirar do lugar sombrio que eu estava dentro de mim. Obrigada por não ter desistido de mim, mesmo quando eu não atendia ao telefone e dizia que não atenderia a ninguém.

Sandra Romero, obrigada por todas as vezes em que parou sua vida para falar comigo via vídeo quando eu estava no campo, era uma injeção de ânimo e foi extremamente importante na minha jornada lá dentro.

Luiza Lefosse, obrigada por ser uma amiga tão cuidadosa, atenciosa e carinhosa, meus olhos brilhavam quando estava no campo, e chegavam suas cartas e fotos. Eu sabia que aqueles envelopes estavam carregados de amor, palavras lindas. Você sempre escrevia coisas que me faziam olhar para dentro e lembrar quem eu era e quão forte podia ser.

Gilsa Messias, obrigada, amiga, por estar sempre por perto, mesmo estando superlonge, e ajudar a manter meu alicerce em pé.

Vocês todas foram superimportantes em todos os pontos, começo, meio e fim. Cada uma à sua maneira, mas todas essenciais, e sei que se não fosse por vocês eu não teria aguentado, obrigada por tanto amor, pelas noites e pelos dias de choros, nos quais, por muitas vezes, choramos juntas. A vida nos uniu pelo amor, mas a dor mostrou que nada nos separa, amo vocês!!!

Dr. João Bosco Millen, meu admirado terapeuta, você foi fundamental para que eu tomasse em mãos novamente minha existência e enxergasse que minha vida não tinha acabado após tudo, mas que apenas recomeçava.

PREFÁCIO

Caro leitor, desculpem-me começar prefaciando o livro de Janaina sem inicialmente muito me referir a ela. Proponho que me acompanhem em raciocínios que talvez sejam chaves para questões que se apresentarão nos desvelamentos dos seus futuros relatos. Compõe os processos psicodiagnósticos um teste denominado desiderativo. Significa "deixar de ser" e a aplicação da testagem é relativamente simples. Direcionamos o candidato às seguintes perguntas: se voltássemos à Terra não mais como seres humanos, possivelmente como animais, como gostaríamos de voltar? E a pergunta se repetirá atravessando do reino animal para o vegetal e, finalmente, terminará no plano mineral.

Na sequência, traremos exemplos de questões relativas à natureza das plantas e à história específica de dois animais distintos, a saber, um gato e uma cachorra. As "coisas" eternas são de fato as mais resistentes! Em oposição às sólidas edificações arquitetônicas dos corpos de concretos, das formações rochosas e dos nossos próprios invólucros, estão as energias e as propriedades que silenciosamente nos retirarão dos jogos da vida. Os elementos responsáveis pelas drásticas erosões, desaparecimentos e extermínios são de naturezas invisíveis? Sim, a resposta é afirmativa, pois nos impressiona a drasticidade somada à potência da água, dos aspectos temporais e do vento nas incumbências de esterilização e de destruição dos corpos terrestres. Nessa sequência de raciocínio, serão os sopros vitais, as luzes, as névoas e os aromas de frágeis naturezas? As energias de renovação, os fluidos vitais parecem-nos subjacentes a todas as coisas que paradoxalmente se exibem de forma invisível aos nossos olhos.

Algumas vegetações perseveram em se proliferar nos lugares mais inusitados. Comumente as vemos vivíssimas nas fendas dos asfaltos quentes, e em geografias áridas e inóspitas. Estabeleço aqui um paralelo entre as dores psíquicas, o sofrimento, com a insistente sobrevivência das vegetações. A exemplo de muitos outros exibidos na própria exuberância da flora, compreendemos que ambos os fenômenos, dor *versus* resistência, podem se exibir de onde não poderíamos imaginar... A surpresa da resistência está presente nas menores frestas de se tornarem saudáveis, viçosas e potentes! A existência humana, por muitas vezes, aponta-nos para sentidos deploráveis, ruins, análogos a esses hábitats "asfálticos" citados. São imposições doloridas, imperativas aos nossos desejos; túneis nos quais nos "alojamos" em detrimento das agradáveis moradias amplas, confortáveis e ensolaradas. Em uma noite de inverno, passamos de carro por cima, e não em cima, de um gatinho que nos parecia morto, pois estava estirado ensanguentado no asfalto. Ao passarmos, vimos que o bichano virara de lado a cabeça. Paramos o carro e o envolvemos em um pano. Levamos o animal para casa, não imaginando que pudesse sobreviver — eram só fortes gemidos de dor. Havia uma pequena "fagulha" de energia vital, todavia, ela se expandiu para o dia seguinte e Nietzsche, o gato, sobreviveu a todas as doloridas cirurgias às quais teve de se submeter, viveu por muitos anos e se tornou um amigo fidelíssimo.

Noutra madrugada fria de outro inverno, estava na curva do rio Paraíba um rapaz pronto para se desfazer de uma ninhada de cachorrinhos, os jogaria criminosamente na água. Pegamos os filhotes e os tomamos para adoção. Eis que surge na nossa vida uma cadelinha de 20 dias batizada de Iole. A prova da amizade entre humanos, eu a delineei aqui. Agora, eis uma amiga incontestavelmente fiel. Se as memórias são significativas para alguma extração e composição das histórias, a não mais mocinha Iole testemunhou ao meu tempo o muito de gostos e desgostos. Sempre me surpreendo com seu vigor. Talvez agora, inversamente, saiba de mim mesmo o que ainda não conhecia. Serei mais atencioso em aprender, em ouvi-la atentamente em seus latidos, em ler o que ela escreve em seus gestos.

Mas o que essas histórias de vegetais, cachorros e gatos têm a ver com o que nos conta Janaina? A ressurreição e o fluido vital dessa moça são absolutamente sincrônicos aos destinos dos seres sobreviventes. Janaina é uma sobrevivente do sistema, do asfalto, do atropelamento e, sobretudo, da covardia dos grandalhões. A moça de Bragança Paulista em tenra idade deixou a família e partiu — pegou a estrada e alçou voo para a América do Norte. Posteriormente, viu-se atropelada por pequenos artifícios impiedosos da lei que lhe imputaram covardemente o encarceramento e a restrição da liberdade. Esses sujeitos ocultos ou indeterminados da sociedade são aqui similarmente comparados aos párias que ignoraram o que há de humanidade nas vidas descritas anteriormente, a fim de condenar o outro à mais dilacerante crueldade. Conheci-a murcha, desvitalizada e deprimida, como obviamente haveria de ser; vê-la naquela tarde me mobilizou de forma semelhante como me mobilizou o gato Nietzsche. Nutri sérias expectativas de revê-la e ansiosamente esperava que as minhas palavras lhe produzissem algum alento. Ao revê-la, pude constatar que Janaina carregava consigo as marcas das vegetações resistentes e dos animais sobreviventes. Superação é uma característica marcante da sua personalidade. Janaina se renova a cada dia e, como toda pessoa bem lograda, deixa de lado o que necessita esquecer. Costumo lhe dizer que o seu ímpeto no caso anda mais rápido do que a pessoa — quando esperamos vê-la passar na estrada, ela já chegou voando ao lugar desejado.

O livro de Janaina não é só instigante por nos apresentar uma ótima história de superação, mas é também sensacional por apontar nuances deliciosas das redes da existência à qual estamos amalgamados. Janaina será sempre lembrada por mim como um ramalhete do asfalto, uma gata atropelada, uma cachorrinha fiel. Para esse grande ser humano, dedico todo o meu afeto e admiração.

Dr. João Bosco de Camargo Millen
Psicanalista

Hoje eu prefiro coragem ao invés de conforto!

(Brené Brown)

SUMÁRIO

AGRADECIMENTOS 9

PREFÁCIO 11

COMO O SONHO AMERICANO ACONTECEU
NA MINHA VIDA..21

CHEGANDO E PARTINDO DA TERRA DO TIO SAM 25

A EMPRESA 29

A COMPRA MAIS CARA DA MINHA VIDA, QUE ME CUSTOU
MUITO MAIS QUE DINHEIRO!..33

UM MÊS ANTES DO DIA QUE MUDARIA MINHA VIDA PARA
SEMPRE... JUNHO DE 2019 37

22 DE JULHO DE 2019 43

SOS ADVOGADO 47

A CALMARIA ANTES DO FURACÃO 51

A VISITA AO NOVO ADVOGADO CIVIL 57

PANDEMIA 61

HORA DE FALAR COM O PROMOTOR..................................63

O FUTURO ERA INCERTO, ENTÃO
VAMOS VIVER O HOJE!..67

NOVOS PROCESSOS ENTRE TANTOS 73

NERVOS À FLOR DA PELE...79

4 DE MARÇO DE 2021 81

O MEDO DO DESCONHECIDO 89

EM MEIO A TANTA TRISTEZA, UM POUQUINHO
DE FELICIDADE FAZ BEM! 95

EM BUSCA DE AJUDA! 97

TUDO CERTO, NADA RESOLVIDO! 103

O DIA SE APROXIMAVA 107

1º DE JUNHO DE 2021 115

APRENDENDO 127

DIA DE COMPRAS 133

DIA APÓS DIA 137

DIÁRIO DE UMA PRESIDIÁRIA 141

NOVAS COMPANHEIRAS DE QUARENTENA 145

A HORA DE CONHECER O OUTRO LADO SE APROXIMAVA ... 151

CHEGOU A HORA 155

NADA MELHOR QUE UM DIA APÓS O OUTRO 159

MUDANÇA DE QUARTO 167

BOAS-VINDAS AO CAMPO 171

MÉDICO E A PRIMEIRA VIDEOCHAMADA 177

NEM TUDO É O QUE PARECE 181

ROTINA 185

CARTA PARA MIM 191

POPULAÇÃO AUMENTANDO E OS PROBLEMAS DO CAMPO
TAMBÉM! 193

DIAS DIFÍCEIS 197

CASA À VISTA 201

21 DIAS DE QUARENTENA 207

VOLTA PARA CASA 213

A DOR FOI TOMANDO CONTA 217

AUDIÊNCIA COM A GIGANTE 221

A HORA DE DIZER ADEUS 223

HOJE EU PREFIRO CORAGEM EM VEZ DE CONFORTO 225

A VERGONHA NÃO PROSPERA NA EMPATIA 229

RENASCI AOS 40 231

COMO O SONHO AMERICANO ACONTECEU NA MINHA VIDA

Em Bragança Paulista, uma cidade pequena a mais ou menos 80 quilômetros da capital de São Paulo, em uma casa muito simples de chão de cera vermelho lustrado, que poderia refletir como um espelho, com cômodos bem pequenos, lá estávamos nós, uma grande parte da família reunida, sentada na sala, assistindo a uma fita VHS em um videocassete comprado por mim com o dinheiro do meu trabalho, aos 16 anos. Olhávamos atentamente o vídeo mágico que era um universo desconhecido para todos de uma viagem a Disney que uma amiga havia feito há pouco tempo. Meus olhos ficaram vidrados, coração batendo acelerado e com todo o ímpeto que sempre me foi peculiar, toda efusiva, eu disse: *"um dia irei lá!!"*. Um parente friamente responde e me diz onde eu estava com a cabeça em pensar algo assim, se meus pais estavam com dificuldade até para pagar a luz e pôr comida na mesa, imagine bancar uma viagem internacional. Senti-me talvez afrontada, mas eu sabia que com esforço e muito trabalho poderia conseguir o que queria. Comecei a trabalhar desde muito cedo, aos 14 anos, para ajudar em casa, e estava obcecada para quebrar o ciclo de pobreza que existia desde sempre por gerações e gerações. Obviamente, ele não queria estragar meus sonhos, mas suas crenças limitantes socioeconômicas não o deixavam sonhar ou pensar mais além, como dizem hoje, *"pense fora da caixa"*. Ainda bem que desde muito pequena eu sabia muito bem onde gostaria de chegar e em minha cabeça, com um olhar irônico, pensei: *"então veremos!!"*.

Nessa época, eu não era uma menina nada normal para a idade, era muito além do meu tempo em todos os sentidos. Desde muito nova já tinha foco para conseguir tudo que queria e tinha um dom para a venda inquestionável. Imagine você que por volta de meus 11 anos de idade, quando a situação financeira era bem melhor do que a citada anteriormente, meu pai me deu um computador infantil que se chamava Pense Bem: era o que tinha de mais tecnológico no mercado e era caríssimo, foi comprado com muito sacrifício. Mas o que eu queria mesmo era um par de patins, vivia nessa época numa rua cheia de lojas e sempre passava por uma em que via um par de patins laranja com rodas verdes fluorescentes, mas não ganhei, pois meus pais tinham medo que eu me matasse, já que me comportava muito mais como menino do que menina; cresci rodeada de primos e numa família de nove irmãos por parte de mãe, na qual fui a primeira menina. Quando ganhei o presente, que foi tão difícil de comprar, mostrei uma insatisfação genuína e quando meus pais saíram para trabalhar, peguei o computador infantil, fui ao centro da cidade e comecei a oferecer a todos que passavam na rua, naquele mesmo dia conseguir vender e comprar meu desejado patins. Obviamente, levei uma grande bronca e me colocaram de castigo, mas até aí eu já havia chegado ao meu objetivo e estava feliz da vida, praticando como andar nos patins num longo corredor com uma porta que dava para uma funerária: era a única passagem para chegar à casa dos fundos onde eu morava. Não era legal morar no fundo de uma funerária e eu não gostava, mas era que os meus pais podiam pagar na época e tinha um moço lindo que trabalhava lá, acho que hoje ele seria considerado meu primeiro *crush* (LOL). Eu até olhava a loja semanalmente para ver os novos caixões que chegavam e sabia qual gostaria de ter, hoje acho macabro, mas era só uma criança me adaptando à realidade. Voltando aos patins, em pouco tempo eu já andava na cidade inteira, pegava rabeira em ônibus, e isso se tornou meu meio de transporte e uma dor de cabeça gigante aos meus pais que, vez ou outra, me viam parada no farol para pegar uma carona com um ônibus, carro e moto para explorar a minha nada plana cidade.

Meu segundo trabalho, aos 14 anos de idade (o primeiro foi com a mesma idade sendo *office-girl* de uma empresa de contabilidade), foi na melhor loja da minha cidade, não sei por que me contrataram nem me lembro como cheguei até lá, mas comecei a trabalhar e vendia muito bem, a dona da loja estava muito contente comigo, porém sabia que eu era um diamante a ser lapidado e que o meu potencial era incrível. Eu tinha pena de ver as pessoas gastarem tanto dinheiro em peças tão caras e isso inibia um pouco as minhas vendas. Então, um dia ela me levou a São Paulo, cidade onde havia estado poucas vezes porque o dinheiro não sobrava, na época eu nem sabia o que era Gucci, Armani, Prada etc., e o carro-chefe da loja era a marca Ellus. Foi então que em São Paulo fomos a um shopping só de magnata, como meu pai dizia, e ela me levou nessas lojas caríssimas e me mostrava o valor de suas peças e qualidades. Logo após esse passeio ao shopping, que foi maravilhoso porque vi uma vida, pessoas, lugares que nunca tinha visto antes, fomos à fábrica da Ellus, e o representante da marca me levou para conhecer todo o processo de fabricação e qualidade. Aquilo para mim foi um divisor de águas e vi que podia entregar grande qualidade por um preço muito menor, passei a vender horrores na loja e ninguém batia as minhas vendas, aí nascia uma grande vendedora. Após um determinado tempo, a cidade de interior foi ficando muito pequena para mim e lá não poderia dar início e seguir em direção aos meus sonhos, precisava voar e voar, significava que eu precisaria me mudar e abrir meus horizontes. Aos 17 anos, passei para uma seleção da Tam Airlines e, aos 18, já estava contratada para trabalhar no maior aeroporto do país. Ah! Que delícia me lembrar dos meus 18 anos: a primeira coisa que fiz quando os cumpri foi correr para tirar a carteira de motorista para poder dirigir meu carro, que eu já havia comprado mesmo antes de ter a carteira e não via a hora de sair com o meu "possante", um Ford KA cinza, na época. Assim que tirei minha carteira, já comecei ir de carro para São Paulo, me sentia desbravando o mundo. Nesse princípio, eu contava com o meu pai que me levava a São Paulo para trabalhar. Eu começava às 16hrs, ele ficava no aeroporto sentado até meia-noite esperando eu sair para voltarmos para nossa cidade. Ele fez isso várias e várias vezes, até que eu pudesse ir e voltar sozinha me sentindo segura. Sim, eu sei, ele era demais, depois de todo esse ato de amor eu já estava pronta para ir sozinha e passei a morar em Guarulhos.

No aeroporto, eu passei a me questionar sobre o quanto o mundo era grande e como eu queria mais, também sobre meu sonho de conhecer o Mickey. Foi então que após quase dois anos trabalhando no aeroporto, decidi que iria para os Estados Unidos. Dei início ao processo de documentação para tirar o visto, minha intenção era de passar um mês, trabalhar e, na minha cabeça, trabalhando um mês já seria o suficiente para ganhar dinheiro e terminar de pagar meu carro. Obviamente que as coisas não foram assim, começaria uma longa jornada até os dias de hoje.

CHEGANDO E PARTINDO DA TERRA DO TIO SAM

Aos 19 anos, quando cheguei aos Estados Unidos na cidade de Miami, o frio na barriga começou quando saí do avião e olhei aquele aeroporto imenso rumo à temida imigração americana. Lá fui eu gastar meu pobre inglês e explicar que estava viajando de férias. Eu imaginava que eles me dariam uma estadia de seis meses, mas me deram um mês. Então, fui em busca da minha mala, trazia comigo esperança, entusiasmos, excitação e na bagagem alguns pertences para supostamente ficar um mês, além de cinco quilos de feijão, isso mesmo, cinco quilos de feijão! Imagine você que isso aconteceu há mais ou menos 20 anos, não tínhamos todas as facilidades de comunicação e informação que temos hoje e ficar sem feijão para mim, decididamente, não era uma opção. Então, na dúvida e sem saber que isso poderia ter me trazido problemas, lá fui eu e entrei feliz no país.

Saindo do aeroporto, tinha uma pessoa me esperando com uma plaquinha com o meu nome. Era a pessoa encarregada de me levar ao apartamento que havia alugado no centro da cidade, mas tarde viria a ser meu marido.

Chegando ao apartamento, um prédio histórico muito bonito, mas de apartamentos muito simples, eu dividiria esse lugar com outras duas meninas. Com colchões no chão, ajustamo-nos nesse local minúsculo; dormíamos uma praticamente em cima da outra. Instalada, passei a caminhar todos os dias no centro em busca de um trabalho. Os dias foram passando, eu não encontrava emprego e o pouco de dinheiro que tinha estava acabando, na época não comprava nada na rua, cozinhava em casa, o dólar equivalia a R$ 3,70 que, na época, era considerado um valor altíssimo, até para comprar um cachorro-quente eu fazia as contas. Até que um dia, na minha busca por trabalho, vi uma mulher falando português e perguntei se ela sabia de alguém que precisava de uma pessoa para trabalhar, ela literalmente me agarrou pela mão e me disse: *"vou te arrumar um trabalho"*, e saiu me "arrastando", até que entramos em uma loja de relógio. Ela me apresentou ao dono como sendo uma grande amiga do Brasil e ele, em inglês, disse que eu estava contratada. Eu, sem entender o que ele tinha dito, só concordando com a cabeça, aceitei o emprego e depois a mulher explicou tudo que ele havia me falado. Meu trabalho era vender relógios para o público brasileiro e eu começaria ganhando 1.250 dólares por mês, com uma rotina de trabalho de seis dias, descansando um.

No meu primeiro dia de trabalho, o proprietário se deu conta de que eu não falava inglês e passou a me dar aulas desse idioma. Ele me contava coisas de sua vida, no começo eu não entendia nada, mas com o tempo o ouvido foi se acostumando e passei a entendê-lo mais e mais. Esse senhor foi uma pessoa muito abençoada na minha vida. Ele era do Paquistão, um homem de postura séria, austero e sempre me dizia: *"você é muito nova, bonita e eu serei o seu pai aqui, seu mentor"*.

Trabalhei lá por quase dois anos, mas nesse período, no meu tempo livre, eu limpava casas, vendia cachorro-quente, trabalhei em corridas de carro, enfim, não tinha tempo ruim, contanto que fosse um emprego honesto, eu trabalhava incansavelmente para atingir meu objetivo. As coisas não aconteceram como eu gostaria, não consegui o dinheiro para pagar o meu carro em um mês, mas resolvi ficar e não só acumular dinheiro para o automóvel, mas também agora meu objetivo era comprar um terreno, a fim de que meus pais e eu tivéssemos um lugar para viver e sair do aluguel. O tempo foi passando, já tinha resolvido ficar nos Estados Unidos quando contei aos meus pais que não voltaria tão cedo. Meu pai teve um princípio de infarto, obviamente, só fui saber disso muitos anos depois.

No desenrolar de tudo isso, estava namorando o brasileiro que foi me buscar no aeroporto. Uma semana depois estávamos saindo, após duas semanas já estávamos morando juntos e depois de um ano nos casamos. Fui casada com ele por seis anos, durante todo esse tempo, muitas coisas aconteceram: em um ano eu já havia pagado meu carro, e já tinha dinheiro suficiente para comprar um terreno e começar a construir.

Nesses seis anos, fui tanto à Disney que perdi as contas, mudei de emprego várias vezes, trabalhei como secretária, em agência de turismo, empresa de tecnologia e já com o documento americano em mãos, ia para o Brasil sempre que dava. Vinda de uma cidade pequena e prosperando, muitas pessoas insinuavam que eu era prostituta nos Estados Unidos, algumas até afirmavam. Hoje, aos 40 anos, já sei lidar com isso, mas há quase 20 anos atrás, era terrível e o meu psicológico ficava bem abalado. A realidade era bem diferente: eu me matava trabalhando, obviamente já tinha uma vida muito melhor, morava bem, dirigia a BMW azul do meu marido, e as pessoas me julgavam o tempo todo, até mesmo pessoas da família, e isso me chateava muito, quantas vezes chorei e senti olhares hostis por parte de homens e mulheres. Hoje, penso que pessoas fortes e lutadoras incomodam, e eu incomodava muita gente; então, era mais fácil julgar e dizer que eu levava uma vida "fácil" do que ver que eu tinha me negado a viver uma vida no conformismo... Minha vontade era de falar: *"vai cuidar da sua vida, e se sou ou não puta, o problema é meu!"*. Diga-se de passagem, não deve ser uma vida nada fácil de trilhar para quem escolheu esse caminho.

Eu sempre fui uma pessoa muito forte e que não gostava de mostrar fraqueza. Hoje entendo que eu posso mostrá-la e ainda continuo sendo forte, não querer mostrar fraqueza é o ego falando mais alto, pessoas precisam de pessoas.

Desde muito nova, eu era o alicerce da família, a figura de forte me trouxe muito bônus, mas muita tristeza também, porque nunca era ajudada, sempre estava provendo. A grande maioria dos amigos sempre me procuravam para pedir ajuda, eles me achavam prática e objetiva, mas eu também era frágil e muitas vezes me sentia bastante sozinha.

Já estabilizada financeiramente e trabalhando para uma empresa de tecnologia, em paralelo a esse emprego abri uma empresa de produção, ideia essa que veio por influência de uma amiga e por assistir a um canal do Brasil que fazia propaganda das turnês de cantores famosos brasileiros nos Estados Unidos; decidi que queria fazer isso também. Então, produzi vários grupos famosos do Brasil, como O Rappa, Trio Forrozão; participei de uma produção de Ivete Sangalo, Exalta, Chiclete com Banana, entre outros. Meu último show foi do Chiclete com Banana no ano de 2008, mais exatamente no mês de junho, e nesse mesmo mês me separei do meu marido. Passados alguns meses, precisamente em novembro, meu pai veio a falecer de um ataque do coração fulminante e eu, sendo filha única por parte de mãe, tive de voltar a morar no Brasil para fazer companhia para ela. Nessa época, eu já tinha o *green card*, cartão de residência americano, que havia sido conseguido pelo meu ex-marido, a empresa onde eu trabalhava me deixou mudar para o Brasil e passei a trabalhar em *home office*. Na época, para o Brasil, ganhava muito dinheiro e não soube administrar bem as minhas finanças. Talvez por sempre ter trabalhado muito, vivi um período de excessos, saía bastante, muitas viagens, estava vivendo sem pensar no dia de amanhã e, honestamente, sem muita responsabilidade. Que pena que não soube aproveitar o lado financeiro, não guardei dinheiro, não pensava em reserva de emergência e fui vivendo, claro que isso também fazia parte do meu crescimento. Até que após alguns anos vivendo no Brasil, anos esses vividos com muita intensidade, a empresa onde estava trabalhando perdeu o contrato da marca que eu mais vendia e já não podíamos mais vender no Brasil. Foi então que decidi que já estava na hora de voltar à terra do Tio Sam.

Confesso que me sentia muito feliz no Brasil e não tinha vontade de voltar aos Estados Unidos, porém eu já podia entrar com pedido de cidadania e fui orientada a resolver isso o quanto antes possível, pois se demorasse muito, poderia perder o direito. Assim resolvi retornar e voltei a trabalhar em uma empresa de tecnologia que já havia trabalhado, paralelamente, montei uma empresa para vender equipamentos médicos.

Por alguns anos trabalhei incansavelmente numa dupla rotina, às vezes dormindo pouquíssimas horas para dar conta de tudo, até que me senti confiante e segura de que poderia deixar o trabalho e dedicar-me somente à minha empresa.

A EMPRESA

Em 2014, nasceu a Smart Vision Equipment, uma empresa que vendia equipamentos médicos com foco no mercado brasileiro, até que, no começo de 2016, fui a um congresso em New Orleans para encontrar um cliente e ele tinha uma necessidade enorme de produtos descartáveis para cirurgias minimante invasivas. Pareceu-me um ótimo negócio, não só porque ele tinha a demanda e eu poderia ter a oferta, mas também porque se tratava de um nicho de autoconsumo dentro da área médica e com grande valor agregado. Foi então que passei a me informar, estudar mais sobre isso, pouco a pouco, fui comprando para esse único cliente e continuei indo a congressos, assistindo a aulas e até à cirurgia assistida. Passado algum tempo, o foco saiu das máquinas e passou a ser os descartáveis, minha carteira de cliente foi crescendo e eu tinha uma vida bastante confortável, já estava conquistando e sendo conhecida no mercado médico com o foco de venda maior nos Estados Unidos e deixando um pouco o Brasil de lado: meu objetivo era chegar até o consumidor final, que eram os hospitais.

O tempo foi passando e, em julho de 2016, conheci Carlos, quem eu achava que seria meu companheiro de vida e quem viria a ser sócio investidor da empresa. Conhecemo-nos e foi uma paixão avassaladora, daquelas de tirar o fôlego; senti borboletas na barriga, ele era atraente, bom papo, divertido, sociável, gostoso, adorava dançar, charmoso, bem estruturado, enfim, tudo que eu queria, a minha vontade de estar com ele o tempo inteiro só crescia e vice-versa. Encontrei uma pessoa tão intensa quanto eu era e, por ele, mudaríamos para morar juntos após algumas semanas, porém no final do ano eu receberia a visita da minha mãe e ele da família dele, então disse que mudaria para morar com ele em janeiro.

Eu morava em um apartamento lindo, todo branco, com muitos vidros, com uma vista maravilhosa para um canal pelo qual, devido à posição, podia-se ver o nascer e o pôr do sol, também havia sido mobiliado com muito cuidado e carinho. Os meses passaram, recebemos nossas famílias, passamos um Natal e um Réveillon deliciosos, elas voltaram para seus respectivos países e demos início ao projeto de morarmos juntos. Desfiz-me de tudo o que tinha, móveis, eletrodomésticos etc., afinal, ele tinha uma casa montada e lá fui eu juntar as escovas de dentes. Fui morar em uma cidade menor que se chama Hollywood, que pertence à grande Miami, mas bem diferente de onde eu estava, bem mais calma e tranquila.

Casa nova, cidade nova e vida nova!!

Ele tinha um escritório que funcionava em uma casa geminada de três pisos de propriedade dele, e havia um piso livre, o qual passou a ser o escritório da minha empresa e, a partir de então, passamos a morar juntos e dividir o mesmo espaço físico para trabalho. Se fosse hoje jamais faria isso, mas na época eu achava que estávamos formatando a vida perfeita.

Eis que uma oportunidade nos uniu também no lado profissional... Nos Estados Unidos, hospitais abrem e fecham o tempo todo e vão para leilão, às vezes "porta fechada", que significa que quem compra leva o hospital completo ou em lotes separados. Eis que um lote enorme de produtos descartáveis apareceu no mercado, porém eu não tinha o dinheiro para comprar, foi então que Carlos que já tinha noção de como funcionava o mercado, pois me observava diariamente e via o potencial do negócio, entrou como sócio investidor da empresa.

A partir disso, as vendas aumentaram substancialmente e comecei a vender para os Estados Unidos, Europa, Ásia e América Latina. A empresa cresceu, o fluxo de trabalho também, eu chegava a trabalhar de 12 a 14 horas por dia, até que tomei a decisão que precisava de um funcionário urgentemente. Após contratar e despedir cinco pessoas num espaço curto de tempo, consegui contratar um funcionário bastante inteligente e formado em Medicina no seu país materno, ele não tinha habilidades para vendas, mas era muito bom no operacional, honesto e compúnhamos um ótimo time!!

Com a expansão dos negócios, também contratamos uma pessoa para desenvolver um software para a empresa, trabalhávamos com produtos que, quando comercializados com responsabilidade, demandavam acesso rápido e o rastreio do produto não podia ser falho. Queríamos ter uma empresa blindada e com informação de fácil acesso para otimizar tempo e trabalho.

Com a empresa crescendo, passamos a ter necessidade de comprar fora do país e tiramos uma licença do FDA (Anvisa no Brasil) para importação, exportação e uma apólice de seguro para a empresa que cobrisse toda a parte de anúncios.

Totalmente apaixonada pelo meu trabalho, cheia de energia e brilho nos olhos, a empresa virou um leão, não só no nome, mas também pela nossa presença no mercado. Mesmo sendo uma empresa pequena, aumentava cada vez mais, já vendíamos para hospitais e, a essa altura, vendíamos oferecendo linha de crédito a eles, o que aumentava muito nosso poder de venda. A empresa passou a se chamar Lion Heart (Coração de Leão).

A inspiração do nome veio de um famoso poema: "O cirurgião tem que ter olhos de águia, coração de leão e mãos de mulher".

Eu sempre escutei: *"trabalhe com o que você gosta e nunca trabalhará"*. Nessa época era o que sentia, me sentia plena e fazendo algo que eu tinha amor e fascínio.

O que não caminhava muito bem era o meu relacionamento, a empresa teve um peso bem negativo em nossa relação, e nossa comunicação passou a ser muito mais conflitiva do que construtiva.

A COMPRA MAIS CARA DA MINHA VIDA, QUE ME CUSTOU MUITO MAIS QUE DINHEIRO!

No final de 2018, um cliente gigante que comprava muito de nós solicitou um produto que não fazia parte de nosso portfólio; expliquei que não tínhamos, mas que buscaria para atendê-lo, então foi o que fiz.

Passei a buscar em toda nossa lista de vendedores e encontrei em alguns lugares, mas decidi comprar de um vendedor em Dubai, porque o prazo de entrega dele estava um pouco melhor que o dos outros. Eu já estava em contato com ele há bastante tempo, mas ainda não tinha tido tempo de aprová-lo como vendedor e, como era dezembro, tratando-se de um mês mais tranquilo antes de sair de férias, fiz todas as verificações possíveis e imagináveis, a empresa era legítima, não tinha a menor sombra de dúvidas, havia várias licenças nos Emirados Árabes, fazia parte da Câmera de Comércio, conta de banco verificada, o vendedor era conhecido no mercado americano. Após análises feitas, referências recebidas e nada que o desabonasse, resolvi comprar voltando de férias.

Comprei 70 caixas, sendo 20 para estoque e 50 para o cliente, 175 dólares o custo de caixa. Foram vendidas para o cliente a 225 dólares, uma margem de lucro relativamente baixa para o mercado, mas se tratava de um produto que eu não conhecia e queria sentir como seria a comercialização dele.

O produto chegou com certo atraso, pois ficou parado no FDA, foi então que o FDA liberou e no final do mês foi recebido no nosso armazém. A pessoa responsável seguiu todos os procedimentos para o recebimento do produto, não notou nada de anormal e diretamente o enviou para o cliente, que tinha linha de crédito de 15 dias.

Passados dois dias, recebo uma mensagem do cliente dizendo que o produto que havíamos enviado era inaceitável e que ele ficaria com o produto, falaria com seus advogados, reportaria para o FDA; se tivesse qualquer problema com o produto, ele não devolveria. O motivo pelo qual ele fez isso foi porque na caixa havia uma mensagem que dizia: "not to be export to US", que significa que o produto não era para ser exportado para os Estados Unidos. Honestamente, quando recebido na empresa, esses dizeres passaram despercebidos pela pessoa responsável pelo recebimento.

O cliente não só disse que iria fazer tudo isso, como também falou que se eu não passasse o nome do vendedor, ele não devolveria o produto. Foi então que comecei a pensar que ele estava agindo de má-fé, uma vez que era bem conhecido no mercado por sua arrogância e muitos dos distribuidores não podiam nem escutar seu nome (depois entendi por quê: pensei que ou era uma manipulação para pegar meu contato, ou para não me pagar).

Eu lhe disse que ele poderia fazer o que bem entendesse e que tudo havia sido feito como deveria ser!! Já sabíamos que não existia um *recall* nesse produto. Fizemos uma consulta com um advogado que já havia trabalhado num cargo alto no FDA sobre os dizeres da caixa, e ele disse que existia um código dentro da legislação que se chamava "first doutrine", o qual significa: você comprou legalmente, você tem o direito de vender legalmente, que o produto não tinha nenhuma restrição de mercado, a composição era a mesma no mundo inteiro e os dizeres na caixa referiam-se ao fato de o fabricante tentar defender o território.

Após isso, para acelerar o processo de devolução do produto, resolvi enviar toda a documentação de aprovação para o cliente com os detalhes de quem e onde comprei riscado; dei-lhe um prazo para que ele nos pagasse ou então retornasse o produto, caso não fosse feito o acordado, abriríamos uma reclamação formal por falta de pagamento e apropriação indevida.

Passados quase dois meses, exatamente no dia 29 de março, ele devolveu o produto com uma caixa faltando, cobramos essa caixa e ele disse que não havia recebido, uma mentira sem tamanho, pois todos os documentos de recebimento dos produtos haviam sido enviados pelo seu departamento responsável.

Eu pensei: produtos recebidos, problemas resolvidos... Mas não foi assim, o problema não havia nem começado!

O mercado americano e no mundo inteiro vende os produtos em caixas ou avulsos, estávamos oferecendo o produto em caixas e avulso, até que, passados quase dois meses, novamente outro cliente, também residente no estado da Flórida, procurava por mil unidades e tínhamos 828 em estoque, que eram equivalentes a 69 caixas. Tive que vender um pouco mais barato devido ao tempo em que ficou parado, pois os custos estavam baixando, vendi cada unidade por 17,50 dólares, o que corresponde a 210 por caixa.

O cliente disse que tinha alto consumo do produto, logo após despachar o produto comprei mais para estoque para não perder a oportunidade de atender seu próximo pedido. O vendedor de Dubai estava oferecendo pelo mesmo custo, mas consegui comprar mais barato nos Estados Unidos.

O cliente recebeu o produto, passou pelo seu departamento de controle de qualidade, ele tinha crédito de 30 dias, após o vencimento nos pagou. O mesmo aconteceu com os clientes deles que estavam em outro estado.

No decorrer de todos os anos trabalhando no mercado médico, devolvi muitos produtos por diversas razões: às vezes por uma marcação no plástico por ter sido pressionado, outras por ter uma marquinha de sujeira. Mas no caso desse produto foi como se eu tivesse várias afirmações que não havia nenhum problema. Primeiro o advogado que eu consultei garantiu que o produto não tinha nenhuma restrição, que eu havia comprado legalmente e poderia vender sem problema nenhum e depois o cliente que havia me ameaçado em vários e-mails dizendo que se tivesse qualquer problema com o produto ele me denunciaria, porém após ficar com o produto por dois meses ele me devolveu, isso serviu como uma reafirmação de que não tinha nada de errado.

UM MÊS ANTES DO DIA QUE MUDARIA MINHA VIDA PARA SEMPRE... JUNHO DE 2019

Junho de 2019, mês em que eu estava no Brasil, na cidade de Bragança Paulista, onde nasci e fui criada, na casa da minha mãe para fazer um tratamento para congelar óvulos, o qual eu já pensava em fazer há certo tempo, não porque sempre tive loucura para ter filhos, mas por ver o exemplo de algumas amigas e por pensar que era melhor pecar pelo excesso do que por falta. Na verdade, nunca fui aquele tipo de mulher que se viu com a barriga grande e com vontade de experimentar todas as experiências que a maternidade traz. Quando era criança, enquanto minhas amigas brincavam de embalar as bonecas, eu brincava com a bola e o carrinho; conforme fui crescendo, meu objetivo era ganhar dinheiro, ser independente e nunca pensei muito em filhos. No ano de 2019, eu já tinha 37 anos e, como dizem, supostamente o relógio biológico teria de estar batendo, sensação essa que ficou longe de ser latente em mim, mas comecei a pensar que estaria ficando velha, que a mulher vai declinando depois dos 35, e comecei a estudar e ler sobre isso. Esses questionamentos surgiram alguns meses antes, quase um ano; falei com o meu parceiro que eu estava pensando muito em ter filho e quando disse isso, o tempo fechou e brigamos.

O meu parceiro e agora meu sócio era oito anos mais velho que eu e nunca tinha tido filho, mesmo depois de um longo relacionamento. Quando nos conhecemos, ele me disse que nunca tinha pensado em ser pai, mas que comigo tinha um pouco de vontade, só que com o passar do tempo, com o cotidiano e as brigas que foram surgindo, a vontade que era pequena ou que talvez nunca tivesse existido — talvez isso só tenha sido dito de boca para fora, quando estávamos tomados pela paixão — tornou-se inexistente por completo. Quando tivemos essa briga, após uma conversa com altos e baixos de emoções, ele me disse que iria pensar e que alguns dias depois do meu aniversário, após exatamente seis longos meses e alguns dias, precisamente no dia 31 de março de 2020, ele me responderia se concordaria em ser pai ou não. Obviamente, foram meses de ansiedade, eu, como toda mulher, esperei, criei expectativas pela nossa conversa, dividi com amigas, amigos em comuns, família, mãe etc. Não estava obcecada com a ideia de ser mãe, mas confesso que nesse tempo de espera comecei a pensar o quão seria bom construir uma família e viver essa experiência, afinal, ele era o homem que eu amava e naquele momento da vida achava que tinha encontrado meu príncipe encantado. Se ele pediu seis meses para pensar e tomar uma decisão tão importante, era porque podia ser 50/50 as chances de acontecer ou não. Nesse período de espera tive pensamentos, dúvidas, questionamentos; dúvidas tinham tomado conta do meu ser e agora me perguntava se ele era o homem correto mesmo, será que eu o amava a ponto de querer ter um filho com ele? Será que seríamos uma família bonita em todos os sentidos? Compactuávamos as mesmas ideias, morais e princípios? Cheguei a colocar num caderno e ponderei tudo durante esses meses, caso ele dissesse sim ou se caso ele dissesse não, qual seria minha postura diante disso? Enfim, o tempo passou, dia 27 foi meu aniversário, ele me trouxe um lindo buquê de flores vermelhas. Eu tinha um quarto de vestir na minha casa que era muito confortável, bem decorado, com muito espaço e privacidade, então, ele me deu um bonito móvel de maquiagem e colocou um quadro gigante com uma foto linda minha fotografada por ele. Um dos tantos hobbies que ele tinha era tirar fotos, e as fotos dele eram maravilhosas, ele sempre foi muito talentoso. Fiquei superfeliz com o presente, pelas surpresas, dedicação e amor que ele estava me dando, eu sempre amei festejar aniversário. À noite, fomos jantar fora e me sentia muito amada, mimada, acho que minha linguagem do amor é receber presentes, acabou o dia e eu estava muito feliz. Agora faltava pouco para o esperado dia, até que chegou o 31 de março, ansiosamente via as horas passar e nada de ele abordar o assunto, até que após todo o dia matutando, sem muita concentração para o trabalho, não entendia por que ele não tocava no assunto. Cheguei a pensar: será que ele decidiu pelo sim e resolveu me fazer uma surpresa ou será que é não, e ele não acha jeito de me dizer isso e está pensando em uma forma de não me magoar; até que respirei fundo, me enchi de coragem e abordei o assunto sutilmente, dizendo: *"Você lembra que dia é hoje?"*. Ele disse que não, então lhe recordei, ele falou: *"Nossa, nem me lembrava disso"*. Isso foi como jogar um balde de água fria na minha cabeça; me deu aquela sensação de coração na garganta e acelerado, engoli em seco, foi muito dolorido porque significava que um assunto que era tão importante para mim não estava fazendo diferença nenhuma para ele, e que ele sequer parou para pensar e caiu no esquecimento. Fiquei muito decepcionada, obviamente a resposta foi um NÃO bem sonoro, mas se ele nem lembrava, significa que esse NÃO existia há muito tempo, ou que talvez ele nunca tenha perdido nem tempo pensando nisso, mas sem dúvida poderia ter sido algo dito muito antes e meu corpo estaria pelo menos uns seis a sete meses mais jovem para fazer o tratamento; quem é mulher sabe a diferença que alguns meses fazem. Acabamos brigando, conversar nunca foi o nosso forte e ele me disse friamente: *"Não terei filho com você e se não está satisfeita a porta da rua é serventia da casa"*. Senti-me humilhada, indignada e desrespeitada, afinal de contas, ali era a casa dele como proprietário, mas era o nosso lar. Gritei, chorei e fui dormir com uma tristeza que não cabia no peito. Já tinha decidido nos meses em que ele estava pensando que eu não iria terminar o relacionamento se a resposta fosse um não, mas se esse fosse o caso, gostaria de congelar óvulos. Então, após alguns dias, depois que as coisas se acalmaram, falei que gostaria de conversar sobre o assunto, ele disse que, mesmo não querendo filhos, não ia se opor à minha vontade e que eu procurasse o melhor especialista, pois ele iria me apoiar, foi então que arrumei tudo para ir fazer o tratamento no Brasil. Ele prometeu ir para lá para estar presente comigo no hospital no momento da coleta dos óvulos para congelar. Casais brigam e dizem coisas que um não quer para o outro, não é mesmo?

Programei-me para ir fazer o procedimento e viajei sozinha para o Brasil no mês de junho para dar início ao tratamento; combinamos que ele só iria uns dois dias antes do procedimento. No mesmo dia em que cheguei, já fui à médica para fazer o ultrassom e iniciarmos o tratamento. A médica, uma japonesa baixinha, muito delicada e com cara de bebê, mas que passava uma confiança de quem realmente sabia o que estava fazendo e sabia como acalmar uma paciente, explicou-me o que eram os folículos e mostrou que eu tinha oito. Grosso modo, são os óvulos em tamanho decente para se desenvolver e poder coletar para congelar, mas também mostrou que havia uns pequenos e que se meu corpo reagisse bem ao tratamento, talvez conseguisse 11 deles. Após a consulta, ela me deu a receita com todos os hormônios que eu deveria tomar, eles vinham em ampolas em temperatura ambiente. Quando fosse o dia correto, teria de começar a injetar na barriga pela manhã. Pois bem, em paz, em casa, tranquila, ambiente altamente recomendado pela doutora para que tudo se desenvolvesse bem, fazia o mínimo indispensável da empresa e coordenava com meu assistente de longe para que as coisas continuassem acontecendo. Até esse momento, tudo corria da forma que tinha sido programada e meu corpo respondia bem ao tratamento, estava feliz com os resultados, mas eis que na minha caixa de correio da empresa chega um e-mail que continha o seguinte título: "Confirmação de produto falsificado". Quando li aquilo, foi como se o meu coração parasse de funcionar de nervoso, cheguei a pensar que era um erro que tinham cometido, que havia recebido aquele e-mail por engano. Imediatamente, liguei para o meu parceiro e contei o que tinha acontecido, ele se prontificou a buscar uma advogada para nos orientar e a entrar em contato com o advogado da empresa que disse que o produto era falso.

A partir daquele instante, o que era para ser um momento tranquilo e em paz na minha vida passou a ser um período de grande preocupação e estresse. Obviamente, por mais que eu tentasse me concentrar no tratamento e não deixar que isso me abalasse, era impossível: os folículos não estavam respondendo como necessário e a médica, que não sabia nada do que estava acontecendo comigo, viu-se obrigada a duplicar a quantidade de hormônio. Nesse período, sentia muita dor na barriga e, tomada pelo medo do desconhecido, do que viria pela frente, a quantidade enorme de hormônio que eu estava ingerindo só aumentava minha irritabilidade, mal-estar e nervoso. Até que um dia antes da coleta, meu parceiro chegou, e fomos eu, ele e minha mãe na manhã seguinte fazer a retirada dos óvulos, infelizmente só foi possível retirar cinco, mas poderia ter sido pior, não é? Os cinco que foram retirados estavam perfeitos e foi possível congelar todos. Eu não tinha ideia de que eles teriam de ser uma bolinha perfeita para congelar, pois se fossem irregulares o corpo poderia expelir quando eu decidisse fazer uma inseminação. Os médicos recomendam que, pelos menos, sejam congelados 10, mas aí pensei comigo: um óvulo faz filho, e mesmo sendo orientada a refazer todo o tratamento, decidi que já era suficiente e que não estava disposta a passar por tudo aquilo e gastar tudo novamente, já que se trata de um tratamento bem caro. Fui embora e a meu ver, com todo o estresse pelo qual estava passando, o tratamento havia sido finalizado com sucesso.

Senti-me bem após a retirada; dizem que pode dar uma cólica, mas eu estava bem e fui para a festa junina da família, dancei, brinquei e me diverti muito. Nesse instante, eu estava no momento presente e só querendo ser feliz.

Era final de semana e fizemos uma viagem rápida até Monte Verde (MG), e lá já tivemos a primeira discussão sobre o problema que começaríamos a enfrentar. Além de tudo, no decorrer do tratamento, quando fui baixar alguns documentos da empresa na internet, vi que meu companheiro havia colocado a empresa 100% no nome dele sem me comunicar, explicar, perguntar, ele era investidor e nosso acordo era que a empresa era dividida em partes iguais para os dois. Muitos questionamentos vieram à minha cabeça, é claro, confrontei a situação e acabamos em uma discussão bem acalorada. Ele me explicou que havia feito isso para proteger a empresa e, nesse momento, perguntei-lhe: quem me protegeria se algo acontecesse? Tinha acabado de descobrir que eu não tinha mais empresa e estava muito difícil entender as motivações que o levaram a fazer isso sem uma conversa clara. Entre todas as indagações, eu pensei em uma tragédia. Se acontecesse algo com ele, eu ficaria sem nada, com uma mão na frente e outra atrás, isso gerou um enorme símbolo de pergunta na minha cabeça, agora já não eram somente as brigas, mas um quê de desconfiança também pairava sobre minha cabeça. Ele me disse que jamais ficaria com algo que era meu e que a empresa, mesmo estando no nome dele, continuava sendo metade de cada um. Talvez você, leitor, deva estar se perguntando como isso aconteceu sem que eu tivesse conhecimento... No começo do ano, lembro-me de receber uma ligação dele afirmando que iria me fazer uma pergunta, mas que como sabia que eu era sempre do contra, eu certamente diria não. Foi quando ele me disse que uma empresa de nome "X", que era dele, estava sendo usada para administrar os negócios e se poderia fazer a mesma coisa com a Lion. Então, respondi que se era só pela administração estaria tudo bem, depois ele pediu para que eu assinasse um papel e assim foi feito. Confesso que por muito tempo pensei que a psicologia reversa usada nessa situação foi totalmente intencional.

Imbuída de raiva, sentindo-me traída, pois não foi um assunto conversado e explicado, mas imposto, tratei de controlar meus ânimos e me acalmar. Afinal, mesmo não concordando, desconfiada, minha situação estava longe de ser a mais confortável, estava sem ter muito que fazer nesse momento e com um grande problema pela frente.

Estava na hora de voltar para casa e lá fui eu de volta para minha vida.

Muitas coisas haviam mudado dentro de mim, mas eu acreditava que podia melhorar... O fato é que essa situação teve um grande impacto para mim na vida a dois, que estava longe de estar perfeita, mas do nosso jeitão existia amor. Logo após a minha chegada, em comum acordo, após as brigas aumentarem, começamos a fazer terapia de casal.

22 DE JULHO DE 2019

Após um fim de semana pacato e tranquilo em minha casa em Hollywood Beach (Flórida), acordei por volta das 7 da manhã na segunda-feira, dia 22 julho de 2019. Como de costume, fiz meu café preto que coloco canela e pimenta-caiena para dar energia na minha habitual caneca preta, sentada ao lado da piscina com uma confortável camiseta azul com o desenho do Mickey, descalça como sempre, faço isso desde pequena, e relaxada para começar o dia; o telefone toca e uma voz nada amigável se identifica como US Marshal, uma das maiores autoridades nos Estados Unidos, responsável por busca de fugitivos, entrega de mandados de prisão, entre outras coisas e me diz:

— Você tem 15 minutos para estar aqui, senão vamos arrombar a porta.

Ele se referia à minha empresa, que na época ficava em uma casa geminada de três pisos. O primeiro piso, que era uma sala, foi convertido em estoque com portas fechadas e a garagem espaçosa transformada em estoque também, com prateleiras até o teto, área de recebimento e despacho de produtos, confesso que era a parte que fazia meus olhos brilharem e o coração bater mais forte; o segundo piso era uma sala ampla que se tornou um espaço com três mesas, o logotipo da empresa, que era a imponente cabeça de um leão com as cores vermelha, branca e dourada, impresso na parede, arquivos e tudo que um escritório confortável pode ter, um banheiro e uma cozinha espaçosa, gostosa, onde comíamos; e o terceiro piso eram nossos escritórios e um quarto alugado, lá era o lugar onde a empresa funcionava, a qual eu considerava meu bebê e cuidava com todo amor do mundo. Esse prédio era de propriedade do meu "namorido", o lugar era confortável, bonito e perfeito para ser a sede de uma empresa, que pagava aluguel a ele e de lá eu tinha um negócio que amava fazer; já em 2019, vendia acima de sete dígitos.

Eu já sabia há mais de um mês que algo poderia acontecer, mas nem na minha mais remota imaginação poderia pensar que aconteceria o que eu estava prestes a ver. Tomada por adrenalina, medo, meu parceiro disse após o telefonema: *"nosso pesadelo começou"*. Ele foi se arrumar para ir para o escritório e eu coloquei um vestido e saí correndo, com a minha BMW branca que me fez chegar tão rápido como se eu estivesse num trem-bala.

Na verdade, naquele momento gostaria de poder me materializar lá e ver que tudo não passava de um engano, mas a realidade era outra, estava tão nervosa que não conseguia ver o que estava acontecendo ao redor. Foi então que, ao estacionar o carro e sair dele, percebi que o condomínio estava cheio de carros oficiais e de outros agentes disfarçados; o caminho entre o carro e a porta do escritório parecia ter quadriplicado e quando cheguei à porta da empresa, eles já estavam dentro, pois o inquilino morador do quarto no terceiro piso, que era agente da Marinha, acordou com as batidas incessantes na porta. Quando entrei esbaforida, parecendo vir de uma maratona, adentrei na empresa e então me dei conta de que aquilo era cena típica de filme de Hollywood, mas não era um filme e sim cena da vida real, da minha vida, que eu pensava que só existia em exageros do cinema.

Demorei alguns minutos para assimilar tudo e ver que, dentro da empresa, estavam oficiais da justiça, Marshals ostentando suas armas, advogados, homens com mochilas, que eu não fazia ideia o que tinha nelas; depois fui saber que era uma companhia de inteligência pronta para invadir nossas vidas. Tomada de terror e pavor não saía inglês, espanhol ou português, e em uma tentativa de me comunicar, na qual qualquer gago ficaria com inveja do quão bem e o "imitava", consegui me apresentar. Então, os advogados se apresentaram como os representantes de umas das maiores empresas de produtos médicos do mundo, e eu expliquei que havíamos tentado contato com eles há mais de um mês, oferecendo ajuda e que não tivemos respostas, e que aquilo seria um engano. O advogado, mandachuva da operação, somente respondeu que eles nunca receberam e me deu um papel para assinar, dizendo que se obstruíssemos quaisquer coisas ou tentássemos impedi-los, seríamos presos. Meu companheiro já havia chegado e estávamos lado a lado escutando que estavam ali para busca e apreensão. Deram-nos os documentos para assinar, assim que assinados, imediatamente começaram a abrir as portas e invadir a empresa, exatamente como nos filmes, eles tiraram das mochilas computadores e começaram armar um escritório. Estávamos em choque, foi então que meu companheiro ligou para a advogada que já havia sido contratada por nós um mês antes e que havia enviado o e-mail oferecendo ajuda à gigante, e-mail esse que eles disseram nunca ter recebido. Ele explicou tudo que estava acontecendo e ela não nos deu nenhuma instrução do que fazer ou como colaborar ou não com tudo que estava acontecendo, somente pediu cópia dos documentos que havíamos assinado. Sem nenhum tipo de instrução, fomos colaborando da forma que achávamos que devíamos.

Isso tudo se deu perto das 9 da manhã. A princípio, nos trataram muito mal, mas após verem que não éramos quem pensavam, passaram a nos tratar melhor, com mais cordialidade, contudo, estávamos sendo invadidos de todas as formas que uma pessoa pode imaginar: documentos verificados um a um, lixos revirados, nossos celulares e de funcionários copiados e eu, no auge da minha inocência querendo colaborar e com ímpeto de justiça, ofereci para ir buscar meu laptop em casa, que esqueci quando saí correndo para atendê-los, e trazê-lo para que pudessem copiar as informações, uma vez que não tinha nada para esconder. Pensei que talvez pudesse contribuir com algo se o trouxesse, mas esqueci que passei a vida escutando em filmes: qualquer coisa que você fizer ou falar pode ser usada contra você. Pois bem, fui a minha casa e trouxe meu computador para eles copiarem, hoje jamais faria qualquer coisa parecida, mas como dizem, com o jornal de ontem todo mundo sabe o que fazer.

Em um determinado momento, deixaram um documento feito pelos investigadores em cima de um balcão; peguei para ler e lá tinha a minha foto, foto do meu carro e um relatório mentiroso sobre mim e sobre a empresa. Uma das coisas que mais me chamaram atenção é que diziam que eu coordenava a suposta operação nas madrugadas... Lembro-me de um dia em que alguém estranho bateu à porta por volta das 8 da noite e eu estava lá trabalhando, não porque trabalharia à noite, mas porque ainda não tinha ido para casa depois de um longo e árduo dia de trabalho. Às vezes chegava a sair do escritório quase 9 da noite, mas isso foi mais do que suficiente para fazer o "retrato de uma criminosa". Enquanto eu lia, lágrimas escorriam, comecei a chorar, não podia acreditar que aquilo estava acontecendo comigo. Mal tinha ideia de que aquilo seria só o início dos momentos e tempos mais difíceis da minha vida. O condomínio da empresa, pela lei americana, era um "work and live", ou seja, um lugar permitido para viver e ter empresa. O investigador, em uma mentira deslavada ou um trabalho malfeito, afirmava que éramos os únicos a ter uma empresa naquele local, e que tínhamos câmera na frente e atrás para coordenar todo nosso negócio ilícito; imagine que no endereço daquele condomínio havia mais de 20 empresas ativas e câmeras em todos os lugares. Era tão louco tudo que eu lia a respeito de mim mesma, não eram perguntas, mas afirmações e aquilo tudo para mim parecia um circo, onde a palhaça era eu.

Já os documentos entregues pelo advogado diziam que o processo acontecia em sigilo absoluto para que a investigação não fosse prejudicada. A empresa estava sendo processada por venda de produto falso, dentro do processo também estavam a empresa para a qual fizemos a venda e outra que, até então, eu não conhecia.

O produto havia sido descoberto por um neurocirurgião (homem que não sei quem é, mas serei eternamente grata a ele) no momento da cirurgia, pois o produto estava reagindo de uma forma diferente e ele reportou para o fabricante; informação essa apresentada três vezes no período de um mês, até que fosse tomada uma atitude e retirado o produto para fazer teste.

Com o passar das horas, o ambiente foi se tornando menos hostil e perguntei ao advogado o que aconteceria. Ele, me tranquilizando, disse que era só assinar um papel afirmando que eu nunca mais iria vender o produto pelo qual estavam lá e que tudo ficaria bem. Após a privacidade invadida, medos sem respostas, feridas que já sagravam, o conformismo diante de tanta atrocidade era a única resposta para tamanha desestabilidade que, em poucas horas, isso já havia causado em nossas vidas. Por volta das 4 da tarde, essas quase 20 pessoas foram embora e nos deixaram com uma sensação de desespero, injustiça e medo do desconhecido que não posso descrever.

Eles saíram do escritório naquele dia e saímos ligando como loucos procurando bons advogados que pudessem nos defender, pois sabíamos que essa promessa, de que assinando os documentos tudo estaria tranquilo, era conversa para boi dormir diante dos monstros que tínhamos em cima de nós.

Aquele resto de dia pareceu dias e aquela noite pareceu anos.

Com muita dificuldade e cabeça a mil consegui dormir, gostaria que tudo aquilo tivesse sido um pesadelo, mas não foi.

SOS ADVOGADO

A advogada que tinha enviado o e-mail há mais de um mês havia-nos cobrado 1.500 dólares para entrar em contato com a empresa que estava nos processando. Nunca se certificou se aquelas pessoas receberam a notificação, não tinha prova de e-mail recebido, era a palavra dela contra a nossa e, obviamente, os serviços prestados por essa advogada não eram bons. Nós pensamos em fazer uma reclamação ao BAR (órgão regulamentador dos advogados) devido à falta de comprometimento dela, mas fomos orientados a não fazer, porque no decorrer do processo poderíamos precisar do testemunho dela. Começamos a ligar para conhecidos pedindo referência de advogados bons, até que um advogado civil, amigo de Carlos, nos recomendou uma advogada na cidade em que o processo teve início, Clearwater, que fica um pouco mais de três horas de Miami. Ligamos para ela, que solicitou um depósito de cinco mil dólares para analisar nosso caso, pagamos e enviamos todos os documentos recebidos no momento que entraram no nosso escritório para que ela pudesse analisar e termos uma reunião. Era uma caixa de arquivos grande com documentos da minha empresa e da empresa para qual eu havia vendido. Seguíamos desesperados e como baratas tontas, sem saber o que fazer, como e onde!

Essa senhora tinha uma figura bastante imponente, não era de muitos amigos, mas nos pareceu muito competente. Conforme as coisas foram acontecendo em um curto espaço de tempo, ela nos disse que talvez pudesse ter uma investigação criminal e nos orientou que se o FBI chegasse para falar comigo, era para eu responder como nos filmes: *"só falo na presença do meu advogado"*, coisa que nunca aconteceu. Chegamos a pensar que ela estava exagerando, mas a partir daquele dia, passei a observar se tinha alguém me seguindo. Com medo de acordar com o FBI na minha porta, cheguei a ligar para uma amiga e explicar para ela onde eu havia deixado cheques assinados, caso acontecesse algo comigo, com meu companheiro ou com ambos. Afinal de contas, estávamos sozinhos no país e, se fôssemos presos, não teríamos como pagar advogados e nos defender. Então, dentro da falta de experiência numa situação assim e com muito medo, tentávamos nos preparar para o pior.

Os dias passaram, nada aconteceu, graças a Deus, mas começamos a sentir necessidade de ter advogados que morassem na mesma cidade, os quais pudéssemos visitá-los pessoalmente. O olho no olho, provavelmente, nos confortaria mais, hoje entendo que eles têm um "Q" de psicólogos, sempre têm lencinhos na mesa, acredito que todos os clientes devem ser bem parecidos e a grande maioria deve contar suas histórias chorando de soluçar. Pelo menos assim foi comigo, eles me olhavam com tremenda empatia e diziam: *"estou aqui por você, eu vou lutar por você".*

Enfim, ligamos para vários amigos, um casal que já havia passado por um processo civil bem menor que o nosso nos recomendou os advogados que o defenderam e lá fomos nós. Sabíamos que tínhamos vendido a alma ao diabo de uma forma involuntária, com uma das maiores companhias do mundo voando acima de nossas cabeças como um pterodátilo com vontade de nos exterminar e não pouparia forças para isso, nem um centavo. Mas, dentro de mim, eu estava positiva e obstinada com a certeza de que provaríamos que aquilo era um grande engano e de que lutaríamos por nossos direitos e deveres, até o último fôlego.

Fomos visitar os advogados e sentimos uma grande segurança com eles. Enfim, pediram 15 mil dólares de depósito e, como você pode ver, os valores só subiam, o problema mal havia começado, já tínhamos gastado um valor infinitamente maior do que ganhamos, e tínhamos medo, desespero e uma ansiedade muito grande para esse pesadelo acabar.

Apelidamos os advogados respeitosamente de Pink e Cérebro, isso devido a um deles ser a cabeça de tudo e o outro se vendia como sendo o advogado para estar à frente do júri, daqueles que vão e fazem o show; lembrando que não tínhamos experiência nenhuma com esse tipo de situação, decidimos trabalhar com eles. Custavam os dois olhos da cara, cada um deles com honorário de 450 dólares e só trabalhavam em dupla, cada vez que íamos visitá-los não gastávamos menos que 1.000 dólares.

Eles estudaram o caso e começaram a interatuar com os advogados de acusação. Fomos juntar provas de meses e meses sobre o caso e todo histórico de anos de boas práticas da empresa, documentos esses que passamos dias e dias arrumando juntos de uma forma que qualquer pessoa que recebesse poderia facilmente entender.

Esses advogados estavam muito confiantes e nos diziam repetidamente que tudo aquilo daria em pizza, pois não havia como provar que tivemos intenção de fazê-lo, uma vez que tínhamos todas as licenças, que o produto tinha sido comprando e vendido legalmente. Queríamos acreditar naquilo, mas em se tratando de quem nos processava, achávamos que isso era impossível de ser verdade.

Eles nos recomendaram fazer uma reinvindicação cruzada contra a empresa que nos vendeu, mesmo eles estando em outro país. Abrimos um processo contra quem nos vendeu e contra quem nós vendemos que, a essas alturas, estava nos processando também, enfim, é assim que as coisas funcionam nos Estados Unidos. Os advogados começaram a responder a todos os documentos da acusação e era uma loucura cada vez que nos enviavam faturas para pagamento, nunca era menor que 10 mil dólares e chegamos ao ponto de falar de 10 mil como se fosse nada, perdemos a noção do dinheiro.

A empresa tinha uma apólice de seguro e esses advogados entraram com um pedido para que pagasse nossa defesa. Após quase dois meses, recebemos uma carta do seguro dizendo que pagaria nossa defesa e ficamos aliviados, mas entre mandar uma carta e efetivamente pagar existia um abismo gigantesco. A única certeza que tínhamos era a de que estávamos gastando fortunas com advogados, eu tentava me consolar dizendo: *"graças a Deus temos para pagar"*, mas nosso dinheiro estava esvaindo-se dia a dia.

Sempre estávamos em cópia nos e-mails e, de repente, por volta de agosto, os e-mails cessaram e tudo ficou calmo, chamávamos e nos pediam para ficar calmos, que estava tudo tranquilo, como eles já previam.

Chegou o final do ano, eu e meu companheiro decidimos fazer uma viagem, tudo continuava calmo, aquele silêncio nos induzia a tentar nos enganar, a pensar que estava tudo tranquilo, decidimos fazer de conta que aquilo não estava acontecendo em nossas vidas e "curtir" as férias. Às vezes nos olhávamos e indagávamos: *"alguém o chamou?"*; *"algum e-mail?"*, e a resposta era não, de ambos os lados, nos olhávamos com um olhar de medo, em que a boca não dizia nada, mas os olhos falavam tudo. Nessa época, ainda sentia que estávamos bastante conectados, e por mais que não falássemos, sabíamos que as dores e os medos eram os mesmos e, às vezes, o silêncio era a única resposta, mas por dentro ambos estavam em ebulição.

Chegamos de férias e poucos dias depois recebemos um e-mail dos advogados dizendo que tínhamos de responder a um documento em três dias, o qual levaria pelo menos, trabalhando de manhã à noite, no mínimo, uns 10 dias para ser respondido. Era humanamente impossível responder àquilo em três dias. Então, desconfiando de que algo tinha acontecido, pedimos um documento chamado *dockset*, que é o histórico de todo o processo; descobrimos que esse documento havia sido apresentado há mais de quatro meses e que os advogados tinham esquecido, mas a verdade era uma só: isso era uma falta de responsabilidade da parte deles muito grande, e eles eram muito caros para cometer erros tão primários, inadmissível.

Fizemos que eles entrassem com um pedido para mudar a data de resposta, sem cobranças extras, para que tivéssemos tempo hábil para responder. Mas a partir desse momento, isso já nos gerou uma sensação de desconforto incrível e uma grande dúvida sobre a capacidade deles de lidarem com um processo nas proporções do que estávamos enfrentando.

A CALMARIA ANTES DO FURACÃO

Quem já passou por um furacão sabe que esse fenômeno da natureza antecede quase sempre um tempo lindo e que, depois da tempestade, vem a calmaria. Hoje entendo que a calmaria não poderia ter chegado, pois a tempestade mal havia começado.

Dentre tudo que acontecia após relativamente meses tranquilos comparados com os anteriores, resolvi pôr um combinado em prática, que era casar-me em uma cerimônia pequena no Brasil. Carlos já havia sido casado e não fazia questão disso, mas disse que se era para me agradar, ele aceitaria. Então, com alguns lugares em vista e tentando marcar para o dia 12 de outubro de 2020, dia da padroeira do Brasil, Nossa Senhora Aparecida, santa essa de que meu pai era devoto, essa seria uma forma de homenageá-lo. Comecei os preparativos, paguei uma assessora e começamos a ajustar os detalhes. Minha mãe viria passar o aniversário dela comigo, 8 de fevereiro, em Miami. Então, resolvi chamar duas amigas, que seriam minhas madrinhas, para passar o fim de semana comigo para festejarmos e fazermos o dia de prova de vestido de noiva.

Como qualquer outra mulher que tem vontade de casar, eu já estava com tudo formatado na minha cabeça, a música com a qual eu entraria na igreja.

Ele, lindo, entrando ao som de um romântico tango, tudo arquitetado para meu dia de princesa.

No dia 2 de fevereiro, minha mãe chegou e eu me sentia muito feliz, como há muito tempo não me sentia. Eis que dia 4, a caminho do escritório, um funcionário me liga e diz que havia uma carta do governo para eu retirar no correio, nem em meu mais remoto sonho eu imaginava o conteúdo daquela carta.

O correio ficava no caminho, curiosa que sou, fui lá correndo e abri a carta dentro do carro. O conteúdo da carta dizia:

Estados Unidos contra Janaina Nascimento

O Escritório de Investigação Criminal da Food and Drug Administration (FDA-OCI) encaminhou um assunto envolvendo você ao nosso escritório para ser processado. A investigação revelou que você introduziu dispositivos médicos com marca incorreta no comércio interestadual, especificamente falsificados (nome do produto), que acabaram sendo vendidos e enviados para a Universidade (nome da universidade). A investigação revelou ainda que você fez isso com a intenção de fraudar e enganar. Sua conduta viola as leis criminais federais, incluindo, mas não se limitando, ao Título 21, Código dos Estados Unidos, Seções 331(a) e 333(a)(2).

Nosso escritório irá processá-la. Existem duas maneiras de proceder. Podemos encaminhar o seu caso ao grande júri federal e pedir a devolução de uma acusação. Você seria então levada perante o tribunal, que marcaria uma data de julgamento. A outra maneira de proceder é por uma confissão de culpa à informação. Para proceder dessa forma, devemos negociar um acordo de confissão por escrito com um advogado que a representa. Se você quiser discutir um acordo de confissão e as vantagens que tal acordo pode lhe garantir, deve contratar um advogado para representá-la, e você deve pedir a esse advogado para entrar em contato comigo.

Se não tiver recursos financeiros para contratar um advogado, o Tribunal nomeará um advogado sem nenhum custo para você. Para receber um advogado nomeado pelo Tribunal, responda à pergunta relacionada a seus bens e dívidas no formulário de declaração financeira anexo e assine para mim (e-mail) até 7 de fevereiro de 2020. Nosso escritório encaminhará seu formulário de declaração ao Tribunal com uma solicitação para que o Tribunal nomeie um advogado para representá-la. Poderíamos então começar a discutir um acordo judicial para resolver nosso caso contra você.

Conforme lia meu coração disparava, meu corpo foi ficando trêmulo e a sensação de asfixia e paralisação tomava conta de mim. Minha perna tremia tanto que eu não conseguia dirigir, parecia ter perdido a força e o controle sobre mim, nunca tinha tido ou sentido nada parecido em minha vida. O escritório estava a menos de cinco minutos do correio e, após algum tempo, depois de conseguir controlar meu corpo, dirigi rumo ao escritório. Quando cheguei lá, não conseguia explicar como havia chegado, parecia que não tinha percorrido o trajeto, mas me teletransportado até lá, praticamente como um apagão.

Fiquei um tempo no carro chorando de soluçar e Carlos chegou, mostrei a carta a ele. Olhava-me com um misto de quem queria me colocar no colo e de desespero, dizia que tudo ia ficar bem, que não importava o que acontecesse, ele sempre estaria ao meu lado.

Fui me controlando e estava na hora de pensar friamente no que e como fazer, eu tinha somente três dias para responder à carta.

A primeira ação que tomamos foi enviar a cópia da carta anterior para os advogados cíveis por e-mail e chamá-los logo em seguida, para que nos orientassem e dissessem o que deveríamos fazer. Eles não atenderam à ligação, mas responderam o e-mail. Quando recebemos a resposta deles, que era, nada mais, nada menos, "this is bullshit", ou seja, isso é besteira, entendemos que estava mais do que na hora de trocar de advogados. Ou não tinham competência ou não estavam levando as coisas tão a sério como deveriam ser. Eles disseram que a carta era uma piada e eu estava consternada com a resposta, era a minha vida, minha liberdade que estava em jogo para ser tratada com tamanha falta de respeito e falta de empatia. Não tinha forças nem para discutir, entendo que eles, diante de tantas provas, achassem que aquela carta era uma "piada". Porém, eu já tinha entendido tudo que poderia me acontecer e só queria encontrar um advogado que pudesse me ajudar, trouxesse solução e uma palavra de conforto. Eis que lembramos que tínhamos um casal de conhecidos que eram advogados criminais na vara de familiar. Era tarde da noite, ligamos para eles, que nos atenderam prontamente e disseram que nos receberiam no outro dia pela manhã em sua residência.

Ainda no escritório com o rosto inchando de tanto chorar, fui embora para a casa e em uma tentativa sem sucesso de esconder da minha mãe, ao abrir a porta, ela que estava sentada no sofá assistindo a um filme, prontamente me perguntou o que tinha acontecido. Segurando o choro tratando de protegê-la de toda a dor que eu sentia, disse que algumas coisas haviam piorado, mas que teriam solução, e que o motivo maior de eu estar daquela forma era porque me sentia psicologicamente exausta e não estava num bom dia. Não tinha coragem de olhar nos olhos de minha mãe e contar o que tinha acabado de saber e o que poderia acontecer comigo.

Era um sábado e lá fomos à casa dos amigos advogados, o casal se dividia: o homem era quem "brigava" na frente do juiz e a mulher quem estudava o caso e reunia provas. Eles eram sócios! Expliquei tudo e eles pediam para que eu me acalmasse, meu olho estava tão inchando, estava deformada. Então, ele me disse: *"Fique tranquila, reúna todas as provas, documentos e nós entraremos em contato com o promotor na segunda-feira, no primeiro horário, e lhe diremos que se ele estiver disposto a nos receber, faremos uma visita"*. Cobraram-nos 5.000 mil dólares pelo serviço, e qualquer custo extra, como viagens, hospedagem, avião, seria considerado à parte. Já sabíamos que teríamos muitos gastos extras para ir visitar o promotor que estava em outro estado.

Casamento cancelado!! O fim de semana, que era para ser incrível, foi um dos mais difíceis da minha vida. Passei horas e horas, dia após dia, preparando todas as provas para entregar ao advogado, mas antes mesmo que eu entregasse todos os documentos, ele nos avisou na segunda de que já estava tudo certo e de que, no final do mês, viajaríamos ao encontro do promotor para mostrarmos todos os documentos; era para que eu ficasse tranquila. Não gostava muito dessa ideia, mas a única coisa que eu podia fazer era confiar em quem estava sendo pago para me defender e trazer a menor consequência negativa para a minha vida.

Eles também me explicaram que eu assinaria um papel e que nada que eu falasse ao promotor poderia ser usado contra mim. Então, a meu ver, seria perfeito, pois quem trabalha com a justiça reconhece um criminoso de longe; eu chegaria lá, ele me veria e teria certeza de que era uma boa pessoa e estaria tudo resolvido. Quanta inocência para alguém que passava por um problema tão sério!

Estávamos insatisfeitos com nossos advogados cíveis, e Carlos aproveitou para pedir uma recomendação de um bom advogado civil para os que agora eram meus advogado criminais. Explicou tudo que tinha acontecido, eles nos passaram um que se chamava Paulo, que diziam ser um dos melhores advogados de Miami e, mais tarde, fomos descobrir que era mesmo; mais que isso, seria uma benção que caiu na minha e nas nossas vidas.

Dias passando, data marcada com o promotor, hotel reservado e passagens compradas, era uma quinta-feira e meus advogados criminais foram até nosso escritório para uma reunião: o objetivo era para me preparar, dizer como eu deveria me comportar diante do promotor ou se o pior acontecesse. O advogado foi me explicando tudo, conforme ele ia falando, era como se eu estivesse entrando em transe, alienada, se mais pessoas estivessem na sala provavelmente achariam que eu estava drogada. De tempos em tempos, ele parava e me perguntava se estava tudo bem, eu acenava com a cabeça, outrora fazia mil perguntas de uma só vez. Após uma conversa de horas, a reunião tinha acabado. Eu e meu parceiro estávamos cada um com seu carro, saí do escritório e me dirigi ao carro como um zumbi sem dar uma palavra, fui a caminho de casa, parei em um posto de gasolina na esquina de casa para comprar cigarro. Cheguei à minha residência, a casa estava toda apagada e minha mãe já dormia, coloquei bastante vinho tinto em um copo e tomei rápido, como se aquilo fosse o bálsamo dos deuses que seria capaz de tirar tudo de ruim que estava dentro de mim. Fumei um cigarro, outro e outro, de repente, meu companheiro me olhou e perguntou se eu estava bem, eu só acenava com a cabeça, a sensação era como se estivesse presa dentro de mim. Quando consegui dizer que não estava bem, foi como se eu fosse infartar, obviamente isso nunca havia acontecido comigo, mas meu coração estava acelerado como se fosse sair pela boca, a respiração ofegante, que me fazia sentir uma dor que era física e aguda, mãos tremendo incontrolavelmente, braços dormentes. Se eu permanecesse sentada, sentia as mesmas sensações nas pernas, tudo isso aconteceu muito rápido e eu não conseguia controlar. Balançava as mãos, andava de um lado para outro e chorava, mas um choro de dor, desespero e uma sensação de morte, foi a coisa mais horrível que já senti na vida. Carlos pegou um Rivotril, me deu e disse que se eu não melhorasse, ele chamaria a ambulância, porque eu dizia que não queria ir ao hospital, via na sua cara que Carlos estava muito assustado, desesperado, ele me abraçava, andava comigo, me segurava e eu dizia: *"deixa eu andar, deixa eu andar"*. Estava consciente de tudo, mas sentia que estava perdendo o domínio e o controle do meu corpo. O remédio começou a fazer efeito e eu fui melhorando, fui me acalmando, e entendi que aquilo tinha sido uma crise do pânico, logo eu que sempre falei: *"crise do pânico é coisa de rico, não tenho nem tempo de ter isso"*.

Já me sentido melhor, agradeci muito por minha mãe estar dormindo e não ter me visto naquela situação deplorável.

Depois disso, tive a consciência de que essa havia sido a segunda crise, a primeira aconteceu quando recebi a carta, mas essa foi algo inenarrável de tão horrível.

A VISITA AO NOVO ADVOGADO CIVIL

Conseguimos uma hora com o que viria a ser nosso novo advogado. Era cedo e lá fomos nós com uma caixa gigantesca para apresentar nosso caso e ver se ele estaria disposto a nos defender. Se nós achávamos que os outros eram caros, esse era mais caro ainda, mas o que nos passou uma grande segurança e, de cara, já nos solicitou um depósito de 25 mil dólares. Não havia opção: tínhamos de ter um bom advogado, já que a essa altura já estavam tentando quebrar nosso sigilo bancário e tínhamos muito medo de que confiscassem o dinheiro e as propriedades de Carlos. Nosso maior medo era de que, se fizessem isso, como poderíamos pagar nossa defesa, meu advogado criminal e seguir vivendo? Por mais que seguíssemos trabalhando e ainda vendíamos bem, se isso acontecesse de nada adiantaria trabalhar, pois o dinheiro não estaria disponível.

A essa altura, o seguro, que havia dito que pagaria pela nossa defesa, não tinha nem começado a pagar, e já acumulávamos números altíssimos com os antigos advogados que ainda nos defendiam; não tínhamos ideia do quanto ainda gastaríamos.

Nessa reunião, contei ao Paulo que iria viajar ao encontro do promotor e ele escutou atentamente, nos comprometemos a pagar o depósito que foi feito no primeiro momento que chegamos à nossa casa. Passadas algumas horas, ele me liga e diz: *"Não serei nada ético, sou advogado civil e não criminal, mas meu lado humano pede que a alerte sobre essa viagem, se você for sua vida estará arruinada, não tem nada pior que você possa fazer"*. Não bastando, me disse que ele havia sido recomendado por aqueles que eram meus advogados criminais, mas que tinha de me alertar de que eles não estavam à altura de me defender em uma acusação federal.

Entrei em pânico, pois a viagem aconteceria em dois dias. Ele desligou o telefone dizendo que iria fazer algumas chamadas e que me ligaria logo em seguida.

Em menos de uma hora, ele me liga e fala que está com um advogado criminal no telefone que era seu amigo particular, advogado esse que já havia sido nomeado consecutivos anos como sendo um dos melhores de Miami e, algumas vezes, entre os melhores do país. Ele, muito atencioso, confirmou que eu estava prestes a fazer uma loucura, que ele era um advogado que trabalhava com casos federais; disse-me que aquele que eu havia contratado era um advogado sem experiência em tribunal federal, não tinha conhecimento de como as coisas aconteciam. Também me esclareceu algumas dúvidas e contou que conhecia o promotor que me acusava, que haviam trabalhado em um caso juntos pouco tempo atrás.

Dentro da minha cabeça, passavam mil coisas e eu pensava em tudo, no medo de cancelar na última hora com o promotor, no dinheiro perdido, em medos, incertezas. Tinha esperança de que ele dissesse que não era tudo tão ruim assim; expliquei que eu assinaria um documento, o qual dizia que nada do que eu falasse lá poderia ser usado contra mim. Foi então que o advogado me explicou que aquele documento tinha uns dizeres que mencionavam que eles não podiam usar nada contra mim, desde que eu não estivesse mentindo, mas quem decidia se eu estava ou não mentindo era eles; foi então que entendi que estaria me atirando ao precipício se fosse.

Confiante no que ele dizia, perguntei o quanto cobraria e ele disse, nada mais, nada menos, 50 mil dólares para pegar meu caso. Estava em choque e falei que não podia pagar. Perguntei se ele poderia por "caridade" conversar com os advogados que estavam me representando sobre essa nossa conversa e ele aceitou. Agradeci e fiquei de chamá-lo logo mais.

Entrei em contato com meus advogados explicando tudo que havia acontecido, sem contar, obviamente, como me conectei com esse advogado. Eles me responderam que não falariam com ninguém e que se eu não confiava no trabalho deles, não tinha problema, mas sabiam o que estavam fazendo. Esse era o primeiro caso federal deles, mas seu ego era tão grande que não poderiam escutar uma pessoa tão renomada e respeitada no mercado. Essa reação me trouxe a certeza de que não sabiam o que estavam fazendo e, como já haviam me alertado, eles definitivamente não estavam à altura de me representar em um tribunal federal.

Carlos, consternado com o valor, em um primeiro momento achava que eu deveria ir e me encontrar com o promotor, mas meu sexto sentido me dizia que não importassem quais seriam as consequências de não ir, a reunião deveria ser cancelada. Liguei para os advogados, falei da minha decisão, e liguei novamente para o advogado renomado, perguntando se ele poderia me atender na manhã seguinte, isso já era quase 9 da noite. Ele me respondeu dizendo que só conseguiria me ver no primeiro horário da manhã, às 8 horas. Às 8 da manhã do outro dia, lá estava eu com a minha cara envelhecida, parecendo um zumbi, reflexo de mais uma noite sem dormir.

Chegamos ao endereço que ficava no centro da cidade de Miami, com trânsito, ficava a 40 minutos de onde morávamos, o prédio era luxuoso, o escritório ficava na cobertura de um prédio. Quando entrei na sala, me deparei com um homem e uma mulher: ele magro, baixo, loiro, olhos azuis, de terno, americano, nada parecido com a imagem que eu havia feito na minha cabeça. Ela bem pequena, magrinha, com aparência frágil, branquinha e com uma mescla que, para mim, parecia ser chinesa; mais tarde vim a descobrir que era tailandesa.

Sentei-me, contei a história, me desesperei... As crises de pânico já faziam parte da minha rotina, comecei a ter uma na frente deles enquanto detalhava todo o ocorrido, nada comparado com a última, mas uma sensação horrível; saí da sala e fiquei na parte de fora do escritório, era como um grande *lounge*, imagino que para fazer festas e receber pessoas importantes. O bom é que eu já entendia o que estava acontecendo com o meu corpo, sempre tinha um remédio na bolsa e, andando de um lado para outro, de ponta a ponta em voz alta, falava comigo mesma: *"Você sabe o que está acontecendo, você é mais forte que isso!"*. Respirava e inspirava, repetia isso quantas vezes fossem necessárias, em alto e bom tom para que eu escutasse o som da minha voz, até que eu conseguisse ter o controle sobre mim mesma, isso virou com um mantra para mim. Era horrível me sentir assim e devo ter sido julgada como louca por muitos, mas àquela altura já achava que estava enlouquecendo mesmo.

Melhorei e voltei para a sala após um longo tempo, nisso, os dois, que eram sócios, já não estavam, tinham ido se reunir para ver o que poderiam fazer por mim. Quando voltaram, disseram que estavam com muitos casos milionários, mas que iriam aceitar meu caso, porque sabiam que o que estava acontecendo comigo era uma loucura; que eu estava prestes a me enforcar; e que a empresa que estava me processando passaria por cima de mim como um rolo compressor. Tinham aceitado fazer a minha defesa por 25 mil dólares e me explicaram que qualquer custo de viagem seria cobrado à parte e que só viajariam em primeira classe. Esse valor era para eles fazerem a minha defesa para responder ao promotor. Eu disse que os contrataria; ele pegou o telefone, ligou para o promotor diretamente e explicou que estava assumindo meu caso e que eu não iria mais "visitá-lo"; logo mais ligaria para marcar o dia da apresentação da minha defesa.

Fui embora mais aliviada, já os meus antigos advogados ficaram ofendidos, nunca mais me perguntar de nada, nem ao menos devolveram alguma parte do dinheiro que, sem dúvida, pelas poucas vezes que estiveram conosco no caso, não chegaria ao valor de 5.000 mil dólares. Eles eram considerados amigos antes; obviamente, deixaram de ser!

PANDEMIA

Já estávamos desde junho de 2019 convivendo dia a dia com todos esses problemas, e agora um processo criminal, as incertezas, os medos já me afundavam em uma tristeza e eu me perdia dentro de mim. Em alguns dias, levantava acreditando que tudo se resolveria, mas sempre algo novo vinha por parte dos advogados e um balde de água era jogado nas minhas esperanças em busca de uma solução; nossas palavras eram distorcidas, nossas vidas foram sendo invadidas mais e mais, alguns dias não queria nem sair da cama e achava que aquilo nunca teria fim. Eu me sentia desaparecendo, como se fosse uma alma sem vida, cada dia mais me afundado nos vícios.

Já adentrávamos em abril de 2020 e então a pandemia já alarmava, as pessoas estavam assustadas, com medo uma das outras, do desconhecido. Então, veio o *lockdown*: negócios fechados; as pessoas impedidas de transitar após as 10 horas da noite; todos nós usávamos máscaras; passávamos álcool em gel todas as horas; quando fazíamos compras, limpávamos tudo com muito medo do vírus que tinha fechado o mundo, levava entes queridos; os hospitais com superlotação, todos vivendo com medo, o caos generalizado havia sido instalado.

Eu, que já não tinha vontade de sair às ruas, agora desertas, e sem vontade de ir ao escritório, passava dias e noites sem sair de casa, trabalhava de casa e fui me afastando de tudo e de todos.

Eu e Carlos não saíamos mais para nada e nossa vida se resumia àqueles metros quadrados. Lembro-me de que, naquela época, ele ainda me dava muita força e dizia o quanto eu era forte, talvez eu demonstrasse fortaleza mesmo tendo crises de pânico, mas eu estava em pedaços por dentro. A minha relação foi minando, não tínhamos outro assunto que não fossem nossos problemas e advogados. Agora somávamos não só todos os problemas, mas também a solidão compartilhada em quatro paredes, e com um mundo de bilhões de pessoas que também se isolavam em meio ao caos.

As cortes federais fecharam, dificilmente víamos um advogado pessoalmente e a grande maioria das coisas passou a ser resolvida via Zoom. Pelo lado financeiro, isso era maravilhoso para nós, porque os custos de advogados eram menores, uma vez que eles não tinham de se locomover de um lado ao outro.

HORA DE FALAR COM O PROMOTOR

Meus advogados criminais também trabalhavam em dupla e a mulher era quem estava colocando todas as informações juntas, mesmo com a pandemia gravíssima, ela ainda preferia me ver pessoalmente. Por diversas vezes fui ao escritório e passei horas explicando documentos, conversas, interações e intenções, para que ela pudesse construir minha defesa e apresentá-la ao promotor.

Na carta que recebi da promotoria, dizia que, se eu quisesse, poderia ir ao grande júri. O grande júri é composto entre 16 e 23 pessoas. Se eu optasse por ir a juízo, a votação do júri seria na presença de um juiz que poderia me levar à condenação ou não. Ir a julgamento era algo que me passava pela cabeça, mas ainda não era o momento para decidir isso, estávamos na fase de montar a defesa.

Eu estava sendo acusada por este código: "Introduction into Interstate Commerce of a Misbranded Device 21 U.S.C. § 331(a)".

Tradução exata do código pelo qual eu estava sendo acusada: "Introdução ao comércio interestadual de um dispositivo com marca incorreta".

O promotor avisou que a reunião seria feita via Zoom. Confesso que foi um alívio devido aos gastos. O promotor queria provar que eu havia vendido e comprado o produto com a intenção de distribuir produtos falsos nos Estados Unidos. Eu tinha certeza de que meus advogados conseguiriam provar que não tive intenção; que havia sido vítima de uma cadeia de distribuição de produtos falsos; e que isso acabaria ali. Não tinha ideia de como as coisas funcionavam, mas hoje sei que o que eu estava pensando era uma utopia, impossível de acontecer: uma vez que você cai no sistema, é quase impossível sair ileso dele. Porém, ninguém lhe explica isso claramente, e você vai descobrindo da maneira mais difícil possível.

Chegou o dia da apresentação, que foi no final do mês de abril. Eu rezei, acendi vela, estava confiante de que a apresentação teria uma boa repercussão. Meus advogados me ligaram dizendo que havia sido incrível e que os argumentos do promotor tinham sido aniquilados pelas justificativas deles; tinham certeza de que ele recuaria, porque não conseguiria provar que eu fiz com intenção de fraudar ou enganar alguém.

Explicaram-me que agora deveríamos esperar até que ele viesse com uma resposta... Dias e noites esperando, parecia uma espera sem fim, passaram meses e nada, até que um dia meus advogados me chamam para contar que já tinham uma resposta e que eu fosse para lá o quanto antes; me arrumei e saí o mais rápido que pude. Meu coração estava muito apreensivo, evidentemente não tinham algo maravilhoso para me contar, pois se fosse, sem dúvida já teriam me dito ao telefone. Lá fomos, eu e Carlos; chegando lá deram a melhor notícia de cara, o promotor tinha desistido de me acusar de um crime, mas como eu pensava, isso estava bom demais para ser verdade, agora ele estava me acusando de contravenção.

Honestamente, não tinha muito entendimento sobre qual seria a diferença entre uma acusação e outra, então foi quando me explicaram que faríamos um acordo com o governo; essa seria a melhor coisa que poderíamos fazer, porque economizaríamos tempo e dinheiro.

A sensação de impotência e medo já havia me apanhado, sentia-me como se fosse um animal fisgado pelas garras de outra espécie mais forte ou paralisada por um veneno letal. Já passavam coisas na minha cabeça, como: o que eu estou fazendo aqui; não aguento mais; por que comigo? A essa altura, eu já não discutia nada, argumentava e simplesmente aceitava o que me diziam, sendo o único caminho a trilhar; já tinha entrado num processo de aceitação e tristeza absoluta. Eu já respirava todo esse problema entre civil e criminal fazia muito tempo, me sentia só, triste, vícios e depressão tomavam conta de mim. Carlos estava sempre por perto, mas nossa distância era gigante e cada dia crescia mais. Ele, que já não era muito de falar, foi ficando mais e mais quieto, seu olhar era frio e nitidamente já não existia mais cuidado na relação. Dizem que os olhos são os espelhos da alma, pois bem, os dele estavam vazios e ocos.

Os advogados começaram a me explicar, e a sensação era de que eu não só havia perdido a batalha, mas também a guerra. As penalidades eram baseadas em uma planilha de comissão de condenação; era muito estranho olhar para aquele papel e ver que a minha sentença estaria dentro daqueles números que, para o meu caso, poderiam ser de zero a seis meses em um campo federal, os famosos "*club fed*", vistos como uma prisão com privilégios. Meus advogados eram muito experientes e me diziam que o máximo que poderia acontecer comigo era eu ser condenada a um ou dois meses, porque eu nunca tinha tido nenhum problema. Minha postura na vida sempre foi a melhor possível, nem *ticket* de trânsito eu tinha, pagava impostos pessoais e da empresa corretamente. O advogado, que não tinha nenhuma simpatia por Carlos, ainda brincou dizendo que no máximo eu teria umas férias forçadas dele e logo mais estaria em casa. Uma brincadeira que evidentemente para mim não tinha graça nenhuma!

Eu acho que chorei esses últimos anos por minhas próximas gerações. Cheguei à minha casa e cada vez mais me afundada na tristeza; ainda tinha uma pontinha de esperança, mas era tudo tão surreal, ter comprado um produto, ter recebido pelas "mãos" de quem havia iniciado o processo contra mim e a empresa que estava por trás disso, umas das mais poderosas do mundo, querendo me usar como exemplo.

Eu havia pesquisado muito e vi o caso de uma pessoa que vendeu milhões em produtos falsos, havia sido provada a intenção dele, que não tinha licença, trazia tudo por debaixo dos panos. Ele foi condenada a um ano de prisão domiciliar assistida; mais tarde fui descobrir que essa pessoa havia comprado diretamente da mesma empresa que vendeu para a empresa que fez negócio comigo, e o produto que ela estava comercializando era de outra marca. Não me entra na cabeça uma empresa que já havia sido fechada reabrir, continuar fabricando produtos falsos, e as empresas que dominam o mercado médico mundial, com recursos infinitos, não consigam identificar e parar empresas como essas, que matam pessoas por ganância, porque não pegam uma arma e matam, mas quem nunca teve um conhecido ou familiar que foi ao hospital fazer uma cirurgia supersimples e nunca mais voltou, porque teve uma infecção generalizada e morreu?

Eu tinha licença há três anos, fiz tudo como deveria ser feito, tinha ganhado 2.490 dólares e já somávamos quase 500 mil dólares em pagamentos de advogados. Eles estavam me comendo viva, não só o dinheiro, mas também todo o tempo, a saúde e a vida que eu já tinha perdido — todo esse tempo era irrecuperável.

Em casa, conversando sobre tudo que tinha acontecido naquela tarde, com medo de não saber o que iria acontecer na minha sentença, chegamos à conclusão de que talvez eu devesse ir ao tribunal e passar pelo grande júri. Mas quando perguntamos aos advogados quanto nos cobrariam para me defender, me disseram 250 mil dólares. Então, cheguei à conclusão de que aguentaria ficar um ou dois meses num campo federal; eu tinha de aceitar que isso estaria no meu caminho, que tinha que ser forte, afinal, não existia outra possibilidade para mim naquele momento, não podíamos gastar esse valor.

Hoje sei que assinar um acordo com o governo, que é chamado de *plead guilt/plea bargain*, foi a melhor decisão que tomei. Somente 2% dos americanos acusados pelo governo vão a júri e menos de 1% ganha, um número de mais de 94% aceita fazer um acordo com o governo, e os que vão a júri e perdem têm sentenças às vezes três vezes maior do que teriam se aceitassem o acordo.

Definição de *plea bargain*: os acordos de delação ocorrem entre réus e promotores, nos quais os réus concordam em se declarar culpados de algumas ou de todas as acusações contra eles em troca de concessões dos promotores.

Logo após essa reunião, recebemos um e-mail dos advogados que precisavam de outro pagamento no valor de 30 mil dólares para prosseguir. Sim, eu sei o que você deve estar pensando, mas eu já estava vendida e não tinha a menor condição de procurar outro advogado, agora estávamos na chuva e não tínhamos outra opção que não fosse nos molhar.

Era mês de setembro e a audiência para eu assinar e me declarar culpada de ter vendido um produto falso, mesmo sem intenção, ainda não estava marcada, mas eu receberia a data logo mais.

O FUTURO ERA INCERTO, ENTÃO VAMOS VIVER O HOJE!

Eu sempre trabalhei muito e quando conquistei o privilégio de trabalhar de segunda a sexta, era impressionante a capacidade que sempre tive de me desligar do trabalho e aproveitar o fim de semana como se não existisse amanhã, era como um botão de on e outro de off: eu desligava sexta e ligava novamente na segunda-feira.

Agora tudo acontecia na surdina, e com as coisas "mais tranquilas", resolvi levantar a cabeça e viver. Tinha perdido a autonomia da minha vida em todos os sentidos, e agora, o que aconteceria comigo? Tudo seria decidido pelas leis dos homens, eu havia feito tudo que estava ao meu alcance e não me restava nada mais que não fosse esperar.

Quando o poderoso mundo fala com a gente, não temos capacidade de bater de frente, só nos basta aceitar. Sentia que estava na hora de deixar o ar entrar, era como se eu estivesse sem fôlego após nadar quilômetros lutando para sobreviver, mas consegui chegar à areia da praia. Agora precisava me sentir segura, e segurança para mim nesse momento era estar perto de pessoas que eu amava e podiam me fazer sentir amada, e me ajudar a refazer as minhas forças, porque logo mais eu precisaria de muito fôlego para enfrentar tudo que viria pela frente.

Devido à pandemia, as fronteiras estavam fechadas e ninguém estava podendo entrar nos Estados Unidos sem antes fazer quarentena em alguns países designados pelo governo americano. Foi então que uma das minhas amigas – que é como uma irmã para mim e tem um papel muito importante na minha vida –, disse que a família viria do Brasil e ficaria no México e que ela iria encontrá-los. Ela sabia que me faria bem uma viagem, disse que eu iria também e que não adiantava eu recusar porque não ir não seria uma opção para mim.

Decidi jogar tudo para o alto e ir, afinal de contas, não tinha ideia do que poderia acontecer e quando seria a minha próxima oportunidade de viajar, se eu teria oportunidade de viajar novamente em breve. Paguei cerca de 600 dólares de ida e volta e com tudo, absolutamente tudo incluso por 10 dias. Quase a mesma coisa que uma hora de advogado, incrível!!

Convidei Carlos, pois gostaria muito que ele fosse; ele que já não era mais a pessoal sociável que eu conheci, não quis ir e me deu seus motivos. Eu aceitei e respeitei!

Chegou o dia da viagem, eu fui a primeira a chegar ao hotel, que tinha tudo incluso. Fui logo tomando minha primeira taça de espumante para comemorar, como era bom me sentir livre e, naquele momento, esse sentimento era tão latente em mim quanto sentir o ar entrando nos meus pulmões e saindo deles.

Pouco a pouco, todos foram chegando, éramos 17 pessoas, a maioria eu considero como minha família estendida; eu me sentia muito feliz, como há tempos não sentia. Para estar perfeito, faltava a minha mãe, mas infelizmente ela não pôde ir!

Estávamos ali para celebrar o amor, a família, os amigos e dois aniversários, um era de uma criança que faria seis anos e outro de uma senhora que faria 70 anos. Pensei tanto nos extremos dessas idades, uma vida começando e a outra rumo ao caminho do fim. Como a vida é bela, eu estava praticamente no meio da minha vida, sentada na areia e olhando para o infinito daquele mar azul-turquesa. Naquela hora, o único sentimento era o de gratidão por poder estar ali, vivendo aquele instante, levando um chacoalhão da vida que me mostrava a quão rápida e efêmera ela pode ser.

Passamos dias incríveis, fizemos lindos passeios, brinquei muito com as crianças, jogamos cartas, bebemos e festejamos muito a vida. Eram como se os meus problemas não existissem; se pudesse, eu colocaria aqueles dias em câmera lenta, como nos filmes, para vivenciar ainda mais intensamente cada minuto.

Hora de voltar para casa, Carlos me pegou no aeroporto e antes mesmo de chegar à nossa residência tivemos uma discussão que começou pelo motivo mais torpe do mundo e escalou numa velocidade gigantesca. Parecia que a cada dia que passava um abismo se abria entre nós, às vezes parecíamos dois estranhos. Sentia-me muito cansada também no meu relacionamento, sem amor, sem carinho, só falávamos e respirávamos os nossos problemas, nossa vida se converteu nisso, nada mais. Estava bastante infeliz, mas seria covardia da minha parte atribuir minha infelicidade a ele, que também estava sofrendo muito com tudo isso. Sempre dizíamos um ao outro que não estava sendo fácil passar por tudo aquilo, mas que se aguentamos até ali, era porque nos amávamos de verdade e que assim como as coisas boas passam, as ruins também.

Eu o escolheria mil vez; estávamos passando juntos por um deserto sem fim, mas acreditava que depois de tudo seríamos felizes e reconstruiríamos nossa vida onde quer que fosse quando tudo isso acabasse.

Já tínhamos decidido que mudaríamos de país e eu estava feliz com isso, tudo que estava ao redor de mim me inspirava tristeza e eu iria precisar de novos ares, então, pensar em recomeçar longe do lugar onde nos causou tanto sofrimento era ótimo.

Depois de ter tido momentos tão bons, o clima em casa estava insustentável, fui dormir em outro quarto. No outro dia, comecei a me sentir doente e testei positivo para o coronavírus, graças a Deus não tive grandes problemas, somente perdi o olfato e o paladar, mas de resto me sentia bem.

Dias e dias passaram, o clima melhorou e fui informada de que a data em que eu me declararia culpada era 11 de janeiro de 2021.

Faltavam menos de três meses para que isso acontecesse, e decidi que queria passar o Natal no Brasil. Informei minha advogada e no começo de dezembro fui ao Brasil, Carlos foi me encontrar lá e passamos ótimos dias, fizemos passeios lindos, com cachoeiras e curtimos a natureza, coisas essas que sempre nos faziam felizes.

Foram dias incríveis com família e amigos queridos, mas eu já não conseguia relaxar, estava apreensiva, com o olhar perdido, sentia medo, quase ninguém sabia o que estava prestes a acontecer. Carlos havia ido visitar sua família em outro país e voltamos para a casa em Miami no mesmo dia.

Eu tentava me preparar para aquele dia, mas não tinha preparação que fosse o suficiente, uma hora eu estava bem e outrora mal, chorando, com noites sem dormir.

Com instruções da advogada, separei uma calça preta, uma camisa branca e na hora marcada fui até o escritório.

Normalmente, quando uma pessoa vai se declarar culpada, ela tem de ir até um tribunal, esperar em uma sala, onde me disseram que às vezes as pessoas são algemadas, e aguardar que lhe chamem para fazer todos os procedimentos. Devido à pandemia e talvez por quem eram os meus advogados, tudo foi feito no escritório deles. Quando cheguei já tinha uma agente do governo me esperando, muito educada, tirou minhas impressões digitais, fotos, fez um teste de DNA, eu estava ali fazendo tudo que me mandavam, robotizada, e lágrimas escorriam sem parar. A sensação era como se eu não me pertencesse mais, em nenhum momento da minha vida pensei passar por algo perto disso, o que dizer ser fichada pela justiça americana. Quando o sonho americano passou a fazer parte da minha vida, sem dúvida, isso nunca havia feito parte dele. Eu estava destruída por dentro!

Então chegou a hora de encarar a juíza; mesmo sendo via Zoom, com minha advogada ao meu lado e Carlos à frente, era superassustador. Essa era a primeira vez que eu veria o promotor e, claro, nunca tinha ficado frente a frente com uma juíza. O coração parecia que iria sair da minha boca, as mãos suando e eu ali sentada na frente da tela do computador, minha advogada fazendo a apresentação.

A sala onde eu estava era pequena e na frente da fria tela do computador estavam a juíza e mais algumas pessoas, que honestamente até hoje não sei quem eram, e o promotor; não conseguia vê-los muito bem. A sessão se inicia, pedem para eu ler um papel preparado por eles, assinar e me perguntam se estou entendendo tudo que estou assinando. Tive muita dificuldade de ler, porque chorava muito, então a juíza pediu que eu parasse de ler e me tranquilizasse, assim o fiz, terminei de ler e assinei.

Esse papel dizia que eu era culpada por introduzir um produto adulterado interestadual e, que assinando aquilo, estava renunciando aos meus direitos de ir ao tribunal federal; que eu não poderia fazer nenhuma reinvindicação; e que minha sentença seria dada pela juíza em um tribunal federal no próximo dia 4 de março.

A juíza disse que devido ao fato de eu ser ré primária e não ter antecedentes, ela já se julgava apta para me dar a sentença, mas que não poderia fazer isso naquele momento. As palavras dela me pareciam acolhedoras, fui embora mais tranquila para a casa!

Entre muitas coisas que eu aprendi com tudo isso que me acontecia, acredito que uma das maiores foi ter calma. Sempre fui uma pessoa agitada e queria tudo para ontem, de repente, minha vida era esperar e esperar... Agora mais três meses para ainda saber o que iria acontecer com a minha vida e não tinha absolutamente nada que eu pudesse fazer para mudar isso.

O tempo passava e eu queria que chegasse o dia logo; assim, saberia que grande parte da minha angústia terminaria ali, pois eu já teria ciência do que me aconteceria e de que o problema, a partir daquele ponto, estaria quase acabando. Mas engano meu, não estava não!

Os advogados pediram mais 30 mil dólares de pagamento, agora, era para fazer a minha defesa para a juíza. Só na minha defesa criminal já tínhamos gastado mais de 85 mil dólares, sei que no final de tudo gastamos quase 110 mil na minha defesa e o resultado ficou longe de ser favorável.

A advogada começou a recolher mais e mais evidências, houve mais reuniões e ela me pediu que eu solicitasse cartas de pessoas que gostassem de mim, contando momentos importantes que passamos juntas, ou algo que eu tenho feito ou participado na vida delas que tivesse sido importante.

Então, liguei para mais de 20 pessoas e pedi cartas, não explicava que era para minha defesa criminal, mas dizia que estava passando por um processo civil e precisava de umas cartas para anexar ao processo para que a juíza lesse. Tinha muita vergonha de contar a verdade.

Lá se foram meses trabalhando em função da minha defesa, agoniada, triste, bebendo, fumando, e cada dia que passava me isolava mais e mais do mundo, de tudo e de todos.

NOVOS PROCESSOS ENTRE TANTOS

Até o presente momento, estávamos sendo processados por um monstro do mercado médico, pela empresa que para a qual vendemos, eu sendo indiciada pelo governo dos Estados Unidos, mas às vezes quando pensamos que as coisas já não podem piorar, aí que vem a vida e surpreende de novo, nesse caso, negativamente.

Enquanto trabalhávamos para montar minha defesa, reuniões e reuniões, no decorrer desses meses, o seguro já havia enviado uma carta dizendo que cobriria nossa defesa e pagaria pelos honorários dos advogados. Porém, já tinha passado bastante tempo e o seguro estava pagando o mínimo indispensável, os valores em aberto eram altíssimos, nós já havíamos mudado de advogados, já não era mais Pink e Cérebro para quem devíamos uma fortuna, e os novos advogados, do escritório que havia sido indicado pelo senhor Paulo, já acumulavam faturas altíssimas.

O único advogado para o qual pagávamos diretamente no caso civil era o dr. Paulo, que havia sido solidário e nos feito um valor de 450 dólares, muito abaixo do seu honorário, mas que estava nos afundando. Porém, sem ele iríamos ser massacrados, ele tinha de fazer parte do grupo, sim ou sim.

Dr. Paulo era quem comandava todos os advogados que o seguro estava "pagando", foi uma ótima estratégia tê-lo no comando, mas teria sido melhor se tivéssemos solicitado que o seguro pagasse os honorários dele. Na época, estávamos em meio a uma pandemia sem precedentes e não tínhamos ideia de quanto tempo poderia durar. O seguro não aceitava o valor dos honorários dele e chegamos a cogitar pagar a diferença, contudo, se a pandemia acabasse e o dr. Paulo tivesse de viajar, seria impossível mantê-lo, então decidimos que ele ficaria dando o suporte, o que ele fazia maravilhosamente bem: vê-lo trabalhando era como admirar um grande estrategista de jogo de xadrez.

O dr. Paulo era um homem entre seus 42 e 45 anos, bem branco, cabelo preto, postura firme, um excelente advogado, foi o único desde o princípio que nunca nos decepcionou, quando nos representava em corte era como se fosse um leão defendendo sua cria, esse sim lutou por nós do começo ao fim.

Depois de tanta experiência com processos tão longos e tão grandes, descobrimos que advogados como ele são raros, ele sempre terá a minha admiração e respeito, não só como advogado, mas como pessoa também. Não sei tudo que poderia ter nos acontecidos se não fosse pelo dr. Paulo!

Depois de um dia relativamente tranquilo, fim de noite, eu e Carlos estávamos conversando, ele cozinhando, eis que nossos cachorros saem correndo em direção à porta, latindo e mostrando que alguém estava lá; escutamos uma batida e quando atendi era um oficial da justiça. Ele tinha duas pastas gigantes idênticas que só mudavam os nomes, uma para mim e outra para Carlos, os documentos nos informavam que a empresa de seguro, que havia já concordado em pagar nossa defesa, também estava nos processando, não estávamos entendendo nada.

Sem muito o que fazer devido ao horário, decidimos que falaríamos com o dr. Paulo na manhã seguinte sobre o ocorrido, para que ele nos orientasse sobre o que deveríamos fazer.

Na manhã do dia seguinte, a primeira coisa que fizemos foi falar com o dr. Paulo, que nos explicou o ocorrido e que nos colocaria em contato com uma advogada, a qual trabalharia no caso por contingência.

O que aconteceu foi o seguinte: comprávamos apólices de seguro na mesma empresa há anos, Carlos já fazia negócios com ela há mais de 15. Essa empresa representava diferentes planos de seguros de empresas distintas.

A nossa empresa inicialmente focava em equipamentos médicos e se chamava Smart Vision Equipment. Quando passamos a focar o mercado de suprimentos descartáveis para cirurgias minimamente invasivas e começamos a crescer, sentimos necessidade de mudar o nome da empresa e usar algo mais direcionado ao que era nosso mercado. Foi então que decidimos mudar o nome para Lion Heart Surgical Supply.

Assim que mudamos o nome, Carlos entrou em contato com a empresa que nos vendeu o seguro; enviou os documentos que mostravam que a empresa havia alterado de novo a denominação e solicitou que mudasse o nome na apólice. Recebemos os documentos com o nome correto.

O tempo passou e era hora de renovar o seguro, a empresa enviou os documentos para que fossem assinados, imediatamente Carlos identificou que haviam colocado o nome errado e que os documentos de renovação diziam Lion Heart Surgical Equipment, denominação que nunca existiu. Nunca entendemos como foi gerada tamanha confusão no nome, sendo que o nome já havia sido corrigido e constava nos documentos antigos há meses.

Ele mandou um e-mail e chamou diretamente a empresa de seguro que representava a seguradora com quem trabalhávamos, a qual prontamente disse que mudaria o nome. Depois nos enviaram os documentos com a denominação correta, mais uma vez foi o que ocorreu, documentos assinados e corretos em nossas mãos, assunto finalizado.

Até que, quando recebemos os documentos dizendo que o seguro estava nos processando, entendemos que o nome nunca tinha sido arrumado na seguradora; que o nome que estava na apólice era de uma empresa que não existia.

Realmente, no meio de campo aconteceu algum problema e alguém não fez o trabalho corretamente, mas era um erro interno da empresa e não nosso, que estávamos pagando o seguro com o cheque com o nome correto; os artículos da empresa estavam certos e ninguém entendia como uma empresa de seguro poderia supostamente estar assegurando uma empresa "que não existia".

Isso era absurdamente ridículo em meio a tudo que estava nos acontecendo, agora precisávamos de mais um advogado e novamente reunir provas, chamadas de telefone, documentos, e-mails etc. para provar que havíamos solicitado a mudança de nome e que aquilo não fazia sentido.

A advogada que nos defendeu nesse caso era incrível, ela era imponente e não baixava a cabeça para ninguém, quanta admiração tenho por ela também! Então, era mais uma briga em que entrávamos e já não sabíamos o que pensar, porque coisas ruins não paravam de acontecer e nada de bom ocorria. Nossa nova advogada já trabalhava como uma locomotiva no processo e tinha conseguido um dia para uma audiência com o juiz.

Nossos dias se resumiam a conversar com diferentes advogados, às vezes tínhamos audiência de conciliação que demoravam o dia todo e com pouquíssimo tempo para descansar; a janela de descanso era para irmos ao banheiro por 10 minutos e 30 minutos de almoço, nos quais entrávamos em recesso, isso tudo era feito por Zoom.

Audiência de conciliação é quando as partes envolvidas se reúnem para ver se conseguem entrar em um acordo e finalizar o processo "amigavelmente", sem precisar ir ao tribunal.

Algumas reuniões de conciliação duravam um dia inteiro, começavam às 9 da manhã e chegavam a terminar, às vezes, 7 ou até 9 horas da noite. Algumas vezes, achávamos que fecharíamos um acordo e conseguiríamos tirar o monstro de cima de nós, mas de repente as negociações voltavam cem passos para trás e aquilo não passava de tempo perdido, frustações e estresse desnecessário.

Uma das vezes, na tentativa desesperada de concluir o acordo, chamamos o dr. Paulo para comparecer à audiência, pois se tinha alguém para o qual houvesse qualquer possibilidade de fazer um acordo acontecer, essa pessoa era ele. Porém, não fechamos o acordo e ainda terminamos com uma fatura de mais de 5 mil dólares no fim do dia.

Nossa apólice de seguro era no valor de um milhão de dólares, foi então que começamos a pensar que as reuniões eram tempo perdido, porque o seguro não queria pagar o valor completo da apólice, que era um milhão; a empresa justificava que era um absurdo pagar um milhão por algo que compramos por menos de 13 mil dólares e que ganhamos 2.490 dólares. Foi aí que entendemos o porquê de ela não acabar efetuando o acordo e seguíamos no meio do fogo cruzado, sendo feitos de marionetes.

A gigante pedia um milhão e eles (a seguradora) ofereciam 50 mil, era algo desproporcional e ridículo, imagine você que do nosso bolso já havia saído uma fortuna e os advogados que defendiam a empresa de seguro, aos olhos de todos, não estavam sendo nada inteligentes, pois ir para um tribunal federal nos Estados Unidos custa uma fortuna. Era melhor oferecer mais dinheiro e acabar com isso logo, mas em vez disso, a seguradora se apoiava no fato de que o dinheiro do seguro era para pagar a defesa e não a restituição quando fôssemos a julgamento. Ou seja, se perdêssemos no tribunal e ordenassem que tivéssemos que pagar meio milhão de dólares, eles não seriam responsáveis, mas teriam de arcar com todos os gastos de advogados até aquele ponto. A briga com a gigante era tão grande, tudo tão demorado e complicado, que chegamos a ter fatura de 80 mil dólares em 45 dias para que o seguro pagasse, as proporções eram monstruosas e para nós sem precedentes.

Se antes o seguro já demorava para pagar, agora que ele estava nos processando e tinha encontrado talvez uma brecha para deixar de nos defender, a essa altura, já não pagava absolutamente nada.

Hoje tenho a convicção de que se não tivéssemos seguro, tudo teria sido resolvido muito mais rápido e teríamos entrado em um acordo com a empresa que nos processava lá atrás, mas essa empresa sabendo do valor que estava "na mesa" por parte do seguro, não tinha interesse nenhum em facilitar nossas vidas. O dinheiro que a empresa que processava gastava para nos processar não significava nada para ela, pois tinha os melhores advogados do país, do mundo e todo o recurso do mundo também. Já para nós, isso tudo significava o dinheiro de uma vida inteira de trabalho esvaindo-se entre nossos dedos.

O tempo foi passando e chegou o dia da audiência para resolver o problema do seguro, teria chegado o momento em que saberíamos se a seguradora continuaria nos representando ou não. Nossa advogada disse que, primeiramente, o advogado do seguro teve a voz e falou algumas coisas que o juiz não gostou muito e que acabou tirando-o do sério. Então, o juiz disse que estava ali perdendo tempo por um assunto tão torpe, numa tentativa de lesar o consumidor, que éramos nós, isso era algo inadmissível, por fim, ganhamos uma causa.

Sabíamos que a empresa de seguro estava mal assessorada, mas não imaginávamos o quanto. Eu tinha recebido a carta do governo dizendo que eu estava sendo indiciada criminalmente em fevereiro do ano anterior, nosso seguro tinha uma cláusula de exclusão caso existisse uma investigação criminal, o que significa que se eu estivesse sendo investigada por qualquer que fosse o crime, mesmo antes de ser culpada ou inocente, a seguradora poderia solicitar abandono de caso, mas essa cláusula só seria validada se fosse respeitado um determinado período, tempo esse que o seguro não respeitou.

Foi então que depois de quase seis meses após o final do prazo, a seguradora fez a solicitação para abandonar o caso. Aí meu mundo abriu, isso era algo novo para mim e se não tivéssemos defesa, os bens de Carlos poderiam ser confiscados e me sentiria culpada pelo resto da vida.

Todo esse tormento durou meses e meses, e quando o seguro entrou com essa solicitação, achávamos que devido ao fato de os prazos não terem sido cumpridos isso seria negado pelo juiz também, mas em vez disso foi passando o tempo, muito tempo e nada de recebermos uma resposta do juiz. Quando veio a resposta, foi a de que havia sido marcado um julgamento para o dia 25 de novembro, que era exatamente três dias antes do julgamento com a gigante.

Por lei, antes do juízo, tem de existir uma última chance de reconciliação, essa reconciliação foi marcada para o dia 24 de novembro, em que pela última vez o seguro e a gigante conversariam para um suposto acordo ou não. Já estávamos vivendo isso há anos e não acreditávamos que a seguradora estaria disposta a fazer qualquer tipo de negociação, sendo que um dia depois disso poderiam ganhar o direito de não ter que nos defender mais. A decisão sobre essa situação seria tomada por um juiz e por um júri.

Os dados estavam lançados, eu tinha alguma esperança ainda, essa era a única coisa que me matinha de pé, porque se antes já me sentia no fundo do poço, isso tinha me afundado mais ainda. Não fazia nem ideia de que existia essa cláusula e, mais uma vez, fui pega de surpresa.

Eu rezava às vezes pedindo a proteção de Deus, mas confesso que nessa época não tinha uma boa relação com Ele. Não entendia e perguntava todo o tempo por que isso tudo estava acontecendo comigo. Onde eu tinha errado tanto para merecer tamanho sofrimento e, às vezes, pensava e dizia que Deus tinha me abandonado.

A partir daí seriam meses de mais espera, sofrimentos, angústia e mais frustações.

NERVOS À FLOR DA PELE

O promotor enviou o documento que apresentaria no dia da minha audiência e minha advogada fez o mesmo.

Na carta do promotor, estava que eu teria de restituir as empresas lesadas, ou seja, o distribuidor e a universidade. O valor que elas estavam pedindo que fosse restituído era de 38.502 dólares; como era possível, sendo que eu havia vendido o produto a 14.490 dólares?

Rapidamente, chamei minha advogada e expliquei que não assinaria e que aquilo não estava correto. Ela prontamente disse que eu teria de assinar e aceitar o montante, que as coisas nos Estados Unidos funcionavam assim. Bati o pé, disse que não aceitava, foi difícil convencê-la de que não era correto, mas com calma consegui convencer.

O distribuidor para o qual eu vendi o produto vendeu ao hospital com um lucro de mais de 65% e ele já havia recebido; como eu pagaria novamente ele e a universidade?

O correto era eu devolver o dinheiro para quem eu vendi e meu distribuidor fazer o ressarcimento à universidade, mas não foi assim que aconteceu. Tive de devolver para o consumidor final, que nesse caso era a universidade, um valor que eu nunca sequer tive em mãos. O dia se aproximava e comecei a receber as cartas que solicitei a familiares e amigos. Por recomendações da minha advogada, não pedi a muitas pessoas, mas a algumas que eu acreditaria que pudessem ser pessoas-chave.

Sempre fui uma pessoa cheia de vida, que não me deixava abalar por nada; a palavra não nunca existiu para mim. Mas nesse momento eu estava irreconhecível, me sentindo um lixo, depressiva, feia, sem vontade de viver, sem vontade de falar com as pessoas, desacreditada de tudo na minha vida. Tinha perdido o brilho, toda e qualquer esperança em mim mesma, tinha convicta certeza de que nunca mais conseguiria progredir na vida e superar tudo que já havia passado até ali.

Eu tinha entrado em um estágio de aceitação tão grande, que já não questionava nada, estava apática com a vida, só tinha um desejo ardente: de que aquilo tudo terminasse.

Meu relacionamento era praticamente inexistente, e de ser uma mulher forte que Carlos admirava, passei a sentir como se ele me olhasse e só enxergasse os problemas; ele cada vez mais impaciente e eu cada vez mais frágil.

As cartas foram chegando e li cada uma delas, aquilo me trouxe uma reflexão muito grande e só eu sei como me ajudaram a me sentir melhor. Foi ótimo ler cartas de pessoas falando coisas de mim; era como se tivesse esquecido quem eu era e como se a pessoa a quem elas se referiam nas cartas fosse outra. Conforme ia lendo, fui revivendo momentos e sensações que me ajudavam a me lembrar de quem eu era. Decididamente, não era aquele farrapo humano digno de pena, era uma pessoa que sempre lutou e nunca se deixou abater pelos percalços da vida. Dia após dia, ficava ansiosa para receber uma nova carta, lia e relia até me sentir melhor; naquele momento, as cartas eram como o espinafre para o Popeye, elas me davam força. Também me faziam ver que todos nós temos problemas, pois a maioria das cartas falava de momentos difíceis de pessoas próximas, as quais eu havia ajudado ou participado de suas vidas. A vida de ninguém é perfeita!

Eu vivia entre altos e baixos, uns dias bons e outros nem tanto!

Sou e serei eternamente grata por todas as palavras de amor e carinho que recebi naquelas folhas!

4 DE MARÇO DE 2021

A caminho da sentença, rumo ao aeroporto, comigo eu levava a roupa para me apresentar ao tribunal: meia-calça fio 40, um escarpim preto, terninho com saia cinza, risca de giz, uma camisa branca, um sobretudo, além de medo e esperança, muita esperança de que eu conseguisse sair disso o menos machucada possível. Cheguei um dia antes à cidade onde aconteceria o julgamento, a qual me pareceu feia, não sei se realmente era ou se era o filtro que eu tinha da vida naquele momento, mas Carlos concordava comigo. Estava muito frio, a vegetação estava toda seca, cidade de uma cor só, cinza, e parecia deserta, exatamente como me sentia por dentro, sem vida!

Chegamos ao hotel que ficava no centro da cidade, fizemos check-in, deixamos as coisas no quarto e rapidamente descemos, pois tinha marcado com a advogada no restaurante do hotel para rever tudo, olhávamos atentos a cada detalhe. Ela havia pedido para eu escrever uma carta pedindo desculpas à juíza. Li e reli essa carta na frente dela, mas a forma como eu lia, segundo ela, não era boa o bastante, então expliquei que eu tinha escrito com o coração e que na hora certa a emoção viria. De volta ao quarto, sabia que seria uma noite difícil, mas tinha de conseguir descansar.

Eram 6h30 da manhã quando o despertador tocou. Eu, já acordada, desligo-o e vou para o banho, me arrumo, Carlos faz o mesmo, recolhemos nossos pertences, mala pronta, descemos, fizemos check-out, encontramos com a advogada e deixamos nossas malas guardadas no hotel. Lá não tinha Uber, então pegamos um táxi e fomos em direção ao tribunal. A essa altura, já estava sem celular, que havia sido gentilmente confiscado pela minha advogada antes que eu entrasse no prédio onde receberia minha sentença.

O taxista para, saio do carro, olho para o prédio, respiro fundo e lá fomos nós. Logo na entrada havia uns guardas, passei pelos raios X e fomos ao escritório para que eu pagasse a restituição. A advogada havia me explicado que eu não precisava pagar com antecedência, mas que isso normalmente era bem-visto aos olhos da juíza. Então, paguei 24.012,00 dólares.

O prédio era bem antigo, fomos ao segundo andar esperar em um corredor largo, cheio de portas de madeira que pareciam ter sido lustradas antes de chegarmos, estávamos sentados em bancos que desciam da parede feitos dos mesmos materiais da porta, um silêncio absoluto reinava naquele lugar. Os minutos pareciam horas e não chegavam 9 da manhã nunca; respirava e inspirava tentando conter a ansiedade, por dentro, estava um vulcão em erupção.

Por fim, a hora chegou e lá fomos nós para a sala de audiência, era um lugar não muito grande, bem parecido com os tribunais de filmes, mas menor. Minha advogada começou a tirar as coisas dela da pasta e colocar em cima da mesa, deixando tudo à mão conforme fosse precisando, eu tremia e não tinha posição, meu corpo estava incontrolável. Havia como se fosse um púlpito com uma tela de LED para ela colocar os documentos, que apareciam num telão para que todos pudessem ver.

Um fato importante havia acontecido, dois dias que antecederam o julgamento: a gigante que me processava entrou com um documento no tribunal para poder fazer parte do meu juízo, o que não é muito comum acontecer em tribunal federal. Minha advogada ficou negativamente surpresa e pensou que os representantes da empresa não seriam autorizados a depor, mas infelizmente não foi o que ocorreu. Entro no local e eles já estão lá conectados na sala, estavam participando on-line.

A empresa tinha dois representantes: um era o advogado e o outro era o diretor global de proteção da marca.

A juíza entra e todos nós ficamos em pé, o caso é apresentado e a seção começa!

Minha advogada me apresentou e pediu para que eu lesse minha carta de desculpas, eu já chorava muito e lia, soluçando ao mesmo tempo, com a cabeça a mil, sentimentos conturbados, com medo às vezes eu olhava para trás e trocava olhares com Carlos que estava ali sentado, aquele olhar era como se fosse meu porto seguro; ele me disse pelos olhos: *"eu estou aqui com você, vai ficar tudo bem!!"*. A carta dizia o seguinte:

> Em primeiro lugar, gostaria de pedir desculpas aos membros do tribunal, ao governo e a todos que o representam, e dizer que sinto muito pelo que aconteceu e que vai totalmente contra meus princípios, valores e contra minha reputação. Trabalhei muito, muito duro para construir minha reputação por mais de 25 anos de trabalho duro. Também gostaria de agradecer ao neurocirurgião por seu conhecimento e experiência que o tornaram capaz de reconhecer que o produto estava se comportando de maneira diferente

do habitual. Também por sua persistência relatando esse problema várias vezes. Graças a esse médico, esse produto não foi utilizado em ninguém e recolhido no mercado.

Tenho 38 anos e passei por muitas coisas difíceis ao longo da minha vida; ainda assim, nada nunca chegou perto dos meus sentimentos durante esses quase dois anos desde que tudo começou.

Quando isso aconteceu, fiquei chocada e só descobri que ninguém havia se machucado há menos de dois meses.

Viver com essa incerteza até agora foi muito doloroso; fiquei apavorada, tive ataques de pânico, fiquei magoada na alma, tive momentos de desespero, depressão também, perdendo tudo que construí ao longo da minha vida.

Pessoalmente, posso dizer com orgulho que sou uma pessoa autodidata que trabalhou muito, muito, muito duro ao longo da minha vida, nunca cortando custos, e sempre fiz absolutamente tudo o que podia para conduzir meus negócios de forma profissional e ética.

Gastei tempo e recursos para estudar tudo para melhorar meu negócio, fazer a coisa certa, porque lido com pessoas.

Construí uma reputação não apenas como empresária, mas também como pessoa.

Sempre soube o quão importante era o meu trabalho e assumo total responsabilidade por esse produto que chegou às minhas mãos.

O fardo, a vergonha que tenho neste exato momento com minha família, meus amigos, meus colegas de profissão, depois de perseguir toda a minha vida pelo jeito certo de fazer as coisas, não tem explicação.

Honestamente, não tenho certeza de como minha vida vai seguir em frente quando tudo isso acabar.

Tudo o que escrevi nesta carta vem do fundo do meu coração, e assumo total responsabilidade por minhas ações. Sou grata a Deus mais uma vez pelo cirurgião que descobriu isso, evitando que alguém se machucasse.

Muito obrigada e mais uma vez me desculpe!!

Na minha frente, eu tinha escrito em um papel uma frase que lia e relia na minha cabeça para me acalmar, cadenciando com a minha respiração, que dizia o seguinte: "A fé prospera no desconforto".

Então, era a vez de o advogado da gigante começar a falar... Ele iniciou dizendo: *"Esta mulher hoje sentada aqui pode ter matado centenas de pessoas com os produtos que ela vendeu ao mercado americano"*; que por culpa de gente como eu, pessoas morrem todos os dias; que poderia ser os filhos e os familiares de quem estava ali naquela sala; e que devido ao meu caráter duvidoso e à minha ganância, eu tinha provocado uma crise no mercado médico.

Eu escutava tudo aquilo e me dava nojo, pavor, horror, terror, pensava como uma pessoa consegue ser tão manipuladora e dizer falsas verdades com tanta veracidade e ainda conseguir dormir à noite.

Ele terminou o seu show e, então, foi a vez do diretor de proteção da marca; enquanto o advogado, seu parceiro de trabalho, falava, ele fazia muito barulho interrompendo a sessão por diversas vezes e, claramente, tirando a juíza do sério, que parou a sessão para dizer que se algum outro barulho fosse ouvido, eles seriam retirados dali. Aquilo tudo para mim parecia um circo e eu era a palhaça, tudo muito estranho: a postura inadequada deles, pessoas experientes, a juíza praticamente gritando com eles. Pois bem, o diretor da marcar usou termos mais técnicos e foi rápido.

Imagine você que umas das brigas grandes que estávamos tendo no processo civil ocorria pelo fato de eles não quererem dar um documento dizendo que nenhum dos produtos havia sido usado, obviamente porque queriam usar isso contra mim no lado criminal. No laudo do processo criminal, o próprio promotor tinha dito que ninguém havia sido ferido pelos produtos.

Foi dada voz à minha advogada. Ela começa ir por todos os pontos, provas, mostrando que eu havia feito todas as investigações para comprar da empresa que me vendeu; que a empresa era verdadeira e com todas as licenças para comercializar produtos médicos; o meu histórico de vida, de empresária, quanto eu havia ganhado; tudo que isso já havia causado na minha vida; provas das muitas vezes em que devolvi produtos de pedidos altíssimos e deixei de vender, porque nas embalagens havia uma sujeirinha ou pela caixa amassada; minha postura diante dos negócios; e que os produtos haviam passado pelo FDA, CBP (Customs and Border Protection ou Alfândega e Proteção de Fronteiras) e sido entregues no galpão da empresa. Apresentação feita, agora ela diria o que reivindicava: estava solicitando à juíza que me desse prisão domiciliar de seis meses ou um mês no FPC (Federal Prison Camp), campo prisional federal; agora iria ser decidido o que me aconteceria.

A temida hora havia chegado e a juíza começou a falar. Ela havia sido tão branda quando a vi pela primeira vez, mas neste dia parecia outra pessoa, não estava sendo muito fácil entendê-la devido ao sotaque que era bem puxado. Eu tinha notado que enquanto a minha advogada falava, ela sequer olhava para os documentos na tela, aquilo era assustador. Foi então que ela disse que as cartas de meus familiares e amigos não haviam sido lidas, porque todo criminoso de colarinho branco tem família e amigos que o amam.

Quando ela falou isso, a sensação que tive era de como se fosse enfartar, neste momento era como se eu estivesse entrando em transe e as palavras foram ficando bem longe, até que escuto que ela estava me condenando a seis meses de prisão (o máximo dentro do meu *guideline*); um ano de supervisão assistida; e que eu tinha de me entregar até o dia 1º de junho, ou seja, tinha três meses para me preparar. Aquilo era surreal, eu decididamente não estava prepara para aquilo!

Eu olhei para a minha advogada, que estava visivelmente abalada também, e confirmei com ela se eu havia entendido bem; ela concordou com a cabeça e segurou minha mão. A juíza falou mais um pouco coisas que eu não faço ideia do que foram, pois nessa hora era como se eu tivesse entrado em transe e só via o movimento da boca dela, foi quando ela se levantou e todos se levantaram para que ela saísse. Eu permaneci sentada em choque, sem força, com a sensação de que havia sido fixada ao chão com a perna pesando toneladas.

Carlos veio até mim, me abraçou sem dizer nenhuma palavra. Minha advogada, após respeitar um pouco aquele momento, perguntou-me se eu já estava pronta para sair dali e me explicou que eu precisava ir até uma sala para assinar papéis, a fim de que me colocassem no sistema. Descemos juntos até essa sala e, então, um agente veio até mim e disse que daquele ponto eu teria de seguir sozinha.

Ele abriu uma porta de ferro muito pesada e a primeira cena que vi foram quatro celas brancas, do teto ao chão, duas ocupadas: em uma, um senhor bem branco de olho azul e, na outra, um homem de meia-idade com cara de latino-americano, os dois usavam uniformes laranja. Aquilo foi impactante e, paralisada, fiquei olhando para um deles com o olhar fixo no dele, lágrimas escorrendo que pareciam um rio e ele também me olhava fixamente, até que o agente disse: *"Senhorita Nascimento é por aqui"*. A partir daquele instante, era como se eu tivesse perdido meu primeiro nome e todos se referiam a mim pelo sobrenome.

Entrei numa sala suja, feia, com uma cadeira encostada na quina da parede e dois computadores numa mesa alta sem cadeira; o único agente que trabalhava ali fazia tudo de pé, havia grades, mas estavam abertas. Tirei aquela famosa foto de presidiária e o segundo passo era tirar a minha impressão digital usando uma maquininha para fazer isso, mas a máquina não estava funcionando, e o que supostamente seria feito em uns 15 minutos demorou mais de uma hora. Meu corpo inteiro tremia e perguntei se poderia sentar na única cadeira sem uso que tinha ali, e ele disse que não, que eu continuasse ali parada, me ofereceu lenços de papel, pois eu não parava de chorar.

A partir de agora, caro leitor, sempre imagine que no decorrer dos acontecimentos a seguir eu estava sempre chorando, pois só parava de chorar na hora de dormir.

Após muito tentar, ele resolveu colher as digitais de forma manual; assinei algumas coisas eletronicamente e ele disse que eu estava liberada.

Quando saí pela porta, Carlos e Marta me esperavam ansiosos e perguntaram o porquê de tudo ter demorado tanto, expliquei, chamamos um táxi e seguimos em direção ao hotel para pegar as malas. Minha advogada e Carlos comeram, ele me trouxe comida, mas claro que não consegui tocar em nada, chorava tanto que se comesse acho corria o risco até de me engasgar.

Minha advogada devolveu meu telefone, eu olhava para aquele aparelho e não tinha coragem nenhuma de ligá-lo, porque sabia que teria mensagens de outros advogados, de alguns poucos amigos que sabiam o que estava acontecendo e da minha mãe. Eu não sabia como ia encarar aquilo, nem no meu mais tenebroso pesadelo estava preparada para aquele resultado. Não sabia o que e como dizer à minha mãe que tinha sido condenada a seis meses de prisão. Seis meses é muito tempo, é metade de um ano, é quase uma gravidez, eu sentia muita vergonha, um desespero, chorava quase gritando, como se aquilo fosse ajudar a tirar aquela dor do meu peito.

Minha advogada começou a explicar tudo que aconteceria dali para frente: empresas de defesa entrariam em contato comigo dizendo que, se contratadas, elas conseguiriam reduzir a minha pena, mas eu não deveria cair nesse papo-furado, pois não passavam de aproveitadores vendendo mentiras para um sonho inatingível; nada nem ninguém poderiam mudar o que havia acontecido.

Fomos para o aeroporto, chegando lá, resolvi mandar uma mensagem para minha mãe, dizendo que o dia tinha sido muito cansativo; que estava estressada; que o voo estava atrasado; que chegaríamos muito mais tarde que o esperado; que eu não estava a fim de conversar, mas que no outro dia falaria com ela; que ela ficasse tranquila, pois estava tudo bem. O voo estava atrasado e podíamos perder a conexão, até que começou o embarque, entramos no avião, por muito pouco não perdemos o voo seguinte. Quando desembarcamos para pegar o próximo, olhamos no visor do aeroporto para verificar se o portão de embarque era o mesmo que tínhamos no cartão de embarque, e era, mas nos demos conta de que nosso portão estava do outro lado do aeroporto. Saímos correndo e corremos muito, o aeroporto estava lotado e passar no meio daquele montão de pessoas não era a coisa mais fácil do mundo. Eu ia gritando desculpe, com licença como uma louca, estava desesperada, pois meu objetivo era chegar até a poltrona do avião e sentir que estava em segurança a caminho de casa; e que, logo mais, estaria no lugar onde me sentia protegida, acolhida e com meu companheiro para cuidar um pouco de mim.

Por fim, chegamos a tempo, fomos as últimas pessoas a entrarem no avião, atrás de nós a porta fechou e estávamos a caminho de casa. Graças a Deus de volta a Miami, nos despedimos da minha advogada e fomos para casa.

Entrei em casa e fiquei abraçada aos meus cachorros e Carlos abraçado em mim; ficamos um tempo assim. Eu estava com fome, ele colocou uma linguiça na churrasqueira e comemos, acompanhada de um vinho, em silêncio na parte externa da casa, minha cabeça estava explodindo.

O telefone não parou de tocar o dia todo, eu não estava atendendo ninguém, não queria nem tinha intenção de falar com ninguém tão cedo. Então, começaram a ligar para Carlos e ele também não atendia. Sei que foi chato e imagino que as pessoas estavam muito preocupadas, mas não tinha condição nenhuma de falar, explicar ou dividir tudo o que havia vivido naquele dia.

Então, com meu consentimento, Carlos mandou uma mensagem às minhas quatro amigas, dizendo que assim que me sentisse melhor eu retornaria, mas que naquele momento eu precisava que meu espaço fosse respeitado. Tomei mais um pouco de vinho, um banho quente, fomos nos deitar; fiquei chorando e abraçada a Carlos, depois consegui dormir, estava muito, muito cansada!

O MEDO DO DESCONHECIDO

Levantei ainda tentando assimilar tudo o que tinha acontecido e, antes mesmo de sair da cama, passei a buscar informações na internet, como: o que era o "*club fed*"; como era lá dentro; informações sobre a comida; se eu tinha de tomar banho diante de todo mundo ou não; como se vestiam; se eu seria fechada em grades, algemada; se era perigoso, enfim, tudo e qualquer coisa que me ajudasse a sair do buraco negro do medo. Encontrei alguns vídeos no YouTube de pessoas que estiveram lá, coincidentemente havia vários vídeos de homens, mas não de mulheres, talvez os homens consigam lidar melhor com isso.

As informações eram das mais diversas e quanto mais coisas via, mais confusa ficava. Até que encontrei um manual de como as coisas acontecem no presídio federal de segurança mínima na Amazon e comprei; devorei aquilo na tentativa de entender o que aconteceria quando eu chegasse lá.

Nessa mesma manhã, minha advogada me ligou dizendo que um oficial de liberdade condicional seria responsável por mim até que me entregasse; ela me deu um número para o qual eu deveria ligar para me apresentar, ele me explicaria tudo que eu tinha de fazer nesse período. Aproveitei de novo para perguntar se havia algo que eu pudesse fazer, se poderia pedir uma revisão de sentença, pois o depoimento da gigante poderia ter tido um peso enorme e que não tínhamos provas de que alguém realmente tivesse usado o produto. Eu estava desesperada, com muito medo e muita vergonha de tudo e todos. Ela confirmou uma vez mais que não existia nada que poderia ser feito.

Peguei novamente o memorando da sentença, li com "calma" e cuidado; nele dizia que eu tinha umas regras a seguir, que eram: não sair de meu limite geográfico, não poderia usar drogas, nada de álcool excessivo e só poderia voltar ao mercado médico depois de cumprir minha liberdade assistida, ou seja, entre me entregar, ir para a prisão, ficar lá seis meses e depois mais um ano de supervisão assistida, teriam passado praticamente mais dois anos da minha vida.

Quanto mais eu pensava em tudo, pior era, era como se estivesse sendo mutilada pouco a pouco. Só tinha uma coisa positiva dentro de mim: era a certeza absoluta de que eu não passaria mais de três meses naquele lugar e isso ninguém poderia tirar de mim.

Dentro de mim havia um turbilhão de pensamentos e, por fora, eu estava murcha como uma flor morrendo. Pensava todo o tempo como olharia para as pessoas, como contaria isso, será que eu seria rejeitada, julgada mais uma vez por amigos e familiares? Decididamente, não estava preparada para mais sofrimento, e considerar que isso pudesse vir de pessoas que eu amava me dilacerava por dentro.

Continuava sem querer falar com ninguém, isso incluía minha mãe; sempre falei e falo muito com ela. Minha mãe sabia que eu estava passando por um momento difícil, mas nem de perto tinha ideia do que era. Eu nunca tive intenção de enganá-la, só não queria causar o menor sofrimento, afinal de contas, ela não poderia me ajudar, estava no Brasil morando sozinha e eu sou filha única por parte de mãe. Então, tinha de pensar e arquitetar um plano perfeito!

Entrei em contato com o agente de liberdade condicional, pensava que talvez ele pudesse me ajudar com as minhas dúvidas, mas ele não me retornou no mesmo dia e quando me atendeu, pediu o número do meu caso; disse que naquele momento era só e pediu para que eu ligasse na próxima quarta-feira para conversamos. Falei que tinha muitas dúvidas e ele, sem muitos dedos, disse que não podia conversar e que na nossa próxima conversa responderia, era para eu anotar tudo. Para minha angústia, nossa próxima conversa seria quase dali a uma semana. Ele pareceu desinteressado, mas depois fui entender que não tinha recebido nenhuma informação sobre mim, precisava primeiro ver quem eu era antes de me atender.

Os dias foram passando, e eu passava dia e noite procurando informações que pudessem me confortar e auxiliar, mas nada ajudava muito, e as dúvidas e a ansiedade só aumentavam. A minha vida estava resumida em incansáveis horas na frente do computador, tentando buscar algo que amenizasse minha dor, angústia e medo.

Dias passaram e chegou o dia de falar com o agente novamente, pude perceber que era um senhor, latino-americano, o senhor Pedro foi muito atencioso e educado. Contou que já havia estado no Brasil jogando futebol, que era venezuelano, também disse que em algum momento ele passaria na minha casa para ver onde eu morava, perguntou sobre o tamanho da casa, com quem eu morava, se tinha bichos ou não e se tinha alguma arma de fogo.

Antes mesmo dessa conversa, já havia sido alertada pela minha advogada para retirar todas as armas de casa, que não eram poucas, então a resposta foi não. Nos Estados Unidos, é bem normal ter armas e Carlos amava atirar, já gostou muito de caçar, e até arco e flecha profissional ele tinha. Enfim, voltando ao senhor Pedro, ele me explicou que eu teria de me reportar todas as quartas-feiras até às 2 da tarde por telefone a ele, e o que eu tinha de dizer. Era algo bem mecânico, não que eu tivesse de ser um robô, mas o que interessava a ele eram as perguntas a seguir:

» meu nome;
» se aconteceu algo diferente;
» se tive algum acidente ou multa de trânsito.

Isso era tudo!!

Com várias anotações em mãos, comecei a falar das minhas dúvidas e ele disse que não sabia nada do que acontecia lá dentro. Falou que eu poderia assistir "The Orange is the New Black", pois era bem parecido com a realidade prisional. Desliguei o telefone e corri sentar-me no sofá para maratonar a série, por dias foi isso que fiz. A série me deixou pior, lá tinha exatamente tudo que eu pensava que poderia ter e coisas piores ainda, como abuso sexual, brigas, mortes, gangues, assistir àquilo definitivamente não tinha sido uma boa ideia.

Por fim, ele não chegou ir à minha casa, ele mesmo me explicou que as coisas mudaram muito na pandemia. Minha advogada também disse que o fato de eu não ser de risco, perigosa ou ter associação com gangue faria que a minha supervisão fosse bem tranquila, e realmente foi. Ele sempre era bem respeitoso, atencioso, parecia gostar de mim.

Os dias foram passando, as dúvidas aumentando, os advogados também não sabiam qual era a verdadeira rotina lá dentro, pois nunca estiveram do lado de dentro como prisioneiros. Minha advogada me passou o contato de duas mulheres que já haviam sido presas para eu conversar e tirar dúvidas. Elas estiveram pouco tempo na penitenciária de segurança mínima, a maior parte do tempo, ficaram em uma de segurança média. Confesso que falar com elas me ajudou, e logo que desliguei o telefone pensei comigo: se eu tenho de fazer isso, vou terminar com isso o quanto antes. Tinha acabado de decidir que iria entrar antes do dia 1º de junho, data que havia sido estipulada pela juíza.

Esse tempo para me entregar de três meses iria me matar, eu estava em casa, mas era como se já estivesse presa, pois estava presa dentro de mim. Se não antecipasse, sentia que em vez de seis meses eu ficaria nove, porque na minha cabeça não existia outra coisa, eu vivia e respirava o medo de ter que ir para a prisão.

Liguei para a minha advogada e comuniquei a decisão que havia acabado de tomar.

Nesse meio-tempo, já havia ligado para minha mãe pedindo desculpas pela ausência, expliquei que os advogados nos estavam consumindo financeiramente, me sentia muito cansada psicologicamente e bastante estressada.

Na minha cabeça, tinha arrumado a solução perfeita e comecei a arquitetar meu plano para minimizar o sofrimento da minha mãe.

Expliquei que a viagem que eu havia realizado não tinha surtido nenhum efeito e que, no final do mês, eu teria uma reunião via Zoom; só nessa data teríamos uma resolução. Ela acreditou e com isso eu ganhei tempo para construir uma "mentira verdadeira".

Eu tinha quatro amigas que sabiam o que estava acontecendo comigo e com muita dor no coração contei, senti vergonha, medo. Elas ficaram chocadas, mas sentia que não queriam deixar transparecer, elas queriam me dar força, mas não era uma tarefa fácil diante de um momento tão difícil.

Uma de minhas amigas até falou que a falta de comunicação de minha parte fez com que ela buscasse por informação na internet e que ela já sabia; quando me disse aquilo, meu chão abriu mais ainda, não tinha ideia de que havia saído na internet, quanta inocência.

Desliguei o telefone e fui buscar notícias, logo encontrei:

"Mulher americana sentenciada a seis meses de prisão por vendas de produtos médicos falsificados".

Quanto sofrimento, meu Deus, eu sentia vergonha de me olhar no espelho, já não me reconhecia e o sofrimento só aumentava.

Tinha feito uma pesquisa e pedi que a advogada solicitasse que eu fosse para um campo que se chama Coulman, o qual ficava mais ou menos a quatro horas da minha casa e menos de uma hora da casa da minha melhor amiga.

Recebo uma ligação da minha advogada; se eu estava tentando me sentir melhor e forte com a decisão que havia tomado, tudo caiu por terra nessa ligação: ela me informou que o campo para o qual eu iria ficava no interior de Tallahassee, ou seja, de carro ficava a quase nove horas de casa e, de avião, entre sair, chegar e dirigir, cerca de seis horas. A primeira coisa que me passou pela cabeça foi que isso significava que eu ficaria abandonada naquele fim de mundo, pois seria bem difícil receber visitas. Não bastando a horrível notícia, me informou também que devido à pandemia muitas coisas haviam mudado dentro dos presídios: todas as unidades, segundo ela, estariam fechadas, visitas estavam proibidas, eu ficaria 14 dias em quarentena em uma cela individual sem contato com ninguém, sem ligação ou qualquer tipo de comunicação com o mundo exterior até sair da quarentena. As pessoas estavam proibidas de se locomover; só estavam autorizados dois banhos por semana; nada de comida quente e sim um saco de papel reciclável, que era dado três vezes ao dia, manhã, tarde e noite, com uma banana, um leite, pão com pasta de amendoim; e todas as atividades estavam canceladas. Naquele momento, era tudo que ela sabia, pois as ligações são monitoradas, e as presas tinham medo de falar e depois passar por represálias.

Escutei isso e fiquei mais assustada ainda, pedi para que colocássemos o plano de antecipar em espera para que eu pudesse pensar.

A ansiedade, o medo, a depressão, a vontade de sumir só aumentavam!

EM MEIO A TANTA TRISTEZA, UM POUQUINHO DE FELICIDADE FAZ BEM!

Quem me conhece sabe que adoro festas de aniversário, e meu aniversário, que era no dia 27 de março, estava próximo. Sentia-me sem ânimo nenhum para comemorar os meus 39 anos, não podia viajar e estaria eu e Carlos, sem dúvida, em uma depressão monstruosa nessa data em casa.

Tenho uma amiga-irmã que mora em Orlando, ela me falou para que eu conversasse com a advogada e tentasse uma autorização para passar meu aniversário na casa dela. Depois de muito resistir, disse que faria e fiz a solicitação, não é que deu certo? Fui autorizada!

Eu havia pedido para passar uma semana, o que decididamente me fez muito bem. Sempre amei dirigir e poder ir para lá era um sonho, mudar um pouco de ares, me desligar de tudo de ruim que estava acontecendo não tinha preço.

Fui sozinha, Carlos iria de avião na sexta pela noite. Quando cheguei, eu e minha amiga fizemos muitas programações, jantares, reunião de mulheres, churrasco, e claro, organizamos meu aniversário.

Decidimos fazer a festa na piscina do condomínio de outra amiga, fizemos feijoada, contratei um cantor e a festa iniciou por volta da duas da tarde. Sem dúvida, foi o dia mais feliz do meu ano inteiro, e a festa foi como o filme *Se beber, não case!*

Eu havia convidado umas 25 pessoas, o condomínio da minha amiga era repleto de brasileiros. Só sei que, no final do dia, aquilo tinha virado um carnaval. Acredito que tinham mais de cem pessoas, pois as pessoas do condomínio vieram fazer parte, foi um dia inesquecível. Era como se meus problemas não existissem e eu estava cem por cento no momento presente, vivendo com a intensidade que sempre me foi peculiar.

Os dias passaram rápido demais e já estava na hora de voltar para casa e lá fui eu, diretamente do conto de fadas do aniversário perfeito de volta ao filme de terror que a minha vida havia se tornado.

EM BUSCA DE AJUDA!

Como comentei anteriormente, eu havia sido avisada pela minha advogada de que escritórios de advocacia me ligariam oferecendo seus serviços, dizendo que poderiam reduzir minha pena, usando meu momento de sofrimento para tirar vantagem, mas ofereceriam resultados inatingíveis, o fato foi que isso nunca aconteceu!

Eu não estava nem um pouco feliz com a minha advogada a essa altura; não porque ela não conseguiu um acordo melhor para mim, acredito que ela fez o melhor que pôde, mesmo porque, para mim, a juíza já chegou lá com a decisão tomada e não havia nada que pudesse mudá-la. Quando o poderoso mundo ou o mundo poderoso fala conosco, só nos resta aceitar e eu não poderia culpá-la pela minha insatisfação dos resultados.

À medida que os dias foram passando após a sentença, passei a ter uma sensação de abandono por parte dela; tudo que eu perguntava ou solicitava não era recebido muito amistosamente, a ponto de não responder aos e-mails. Cheguei à conclusão de que como eu já não representava mais lucros, tinha deixado de ser importante e cheguei até escutar que seis meses passavam rápido, como se fossem seis dias, já que existem pessoas que pegam anos. Era como se me falasse: *"se conforme, logo passa e daqui a pouco você refaz a sua vida"*.

Não quero generalizar, mas a grande maioria dos advogados, assim como em algumas outras profissões, ao meu ver, depois de tanta experiência, perdem a sensibilidade humana, e empatia são cifrões no bolso.

O combinado era que ela estaria comigo até o final, mas eu não sentia respaldo, ao contrário, sentia uma energia ruim e que agora, sem ter como me cobrar, nossa relação já não era importante, dessa forma, não colocaria nenhum esforço a mais em meu caso.

A essa altura, eu já passava horas e horas pesquisando tudo sobre o sistema carcerário, direitos e deveres; e sobre como o Bureau of Prisons (BOP) (Secretaria de Prisões) — estava conseguindo controlar a pandemia. Passei a entender muito mais coisas e algumas informações me deram esperanças, então decidi buscar uma segunda opinião, afinal de contas, o não eu já tinha e não tinha mais nada a perder!

Descobri que existiam empresas que prestavam assessoria para pessoas que, assim como eu, estavam indo à prisão, eram de pessoas já haviam sido presas. Elas trabalhavam em conjunto com os advogados dos clientes fornecendo uma visão mais ampla do sistema carcerário interno, uma vez que já tinham passado pela prisão.

Obviamente, estava procurando por conforto, uma mágica... Entrei em contato com várias empresas e uma delas me atendeu: era de uma mulher que se chamava Helena, a conheci mais tarde por vídeo, tinha em média seus 50 anos, era loira, parecia ser alta, cabelo tipo anos 1970 e muito simpática, me passou bastante confiança e cobrava um preço razoável pela assistência. Havia sido executiva de uma grande empresa mundialmente conhecida e tinha ficado um pouco mais de um ano na prisão de segurança mínima por fraude de dinheiro, ela era uma das proprietárias desse escritório. Disse-me que a taxa dos seus serviços era de 2.500 dólares, que me ajudaria do início ao fim; explicou-me algumas coisas que estavam acontecendo no sistema devido à pandemia que foram suficientes para que eu quisesse contratá-la. Sem pensar duas vezes, pedi que me enviasse o contrato, assinei e mandei o dinheiro no mesmo minuto.

Marcamos a primeira reunião, eu estava cheia de esperança!

Em nossa primeira reunião, uma das primeiras perguntas foi se eu tinha algum problema de saúde, então expliquei algo que já havia conversado com minha advogada inúmeras vezes e ela não tinha dado nenhuma atenção... Expliquei que, com o passar dos anos, fiquei muito alérgica e que devido à alergia eu tinha me tornado asmática.

Foi então que Helena me mostrou uma luz no final do túnel. Pediu que eu fosse ao médico e documentasse tudo que pudesse em relação à minha asma: essa seria a razão pela qual ela entraria com uma petição, solicitando que eu ficasse em prisão domiciliar para não me expor ao vírus diante do caos carcerário.

O governo criou o Care Act (Ato de Cuidado), que era o direito de estar em prisão domiciliar, a fim de diminuir a população prisional para que menos pessoas estivessem correndo perigo de contrair o vírus que poderia ser mortal. Obviamente, o sistema carcerário não tem estrutura para uma pandemia nas proporções da covid-19, era quase impossível controlar a proliferação, pois os funcionários entravam nos complexos e saíam deles o tempo todo, e uma pessoa contaminada fazia com que o vírus se alastrasse em proporções incríveis.

As condições para que um presidiário pudesse ser analisado para receber o benefício eram:

» Ter sido condenado a 18 meses ou menos de prisão;
» Não ter envolvimento com gangues ou crime violento;
» Devia-se considerar o nível do presidiário, o qual era determinado por pontos, e que estivesse em prisão de segurança mínima ou média;
» Ser uma pessoa com menor chance de retorno ao sistema carcerário;
» Ter condições médicas de acordo com informações do CDC (center of disease control), analisadas pero diretor médico da prisão;
» Cumprir pelos menos 25% da pena.

Eu me encaixava em todas as condições e não só isso, nessa época, minha asma estava sendo considerava *Chronic Obstructive Pulmonary Disease* ou Doença de Obstrução Pulmonar Crônica (COPD) pelo médico, algo como enfisema ou bronquite aguda.

Tinha dificuldade de respirar e usava bombinha o todo o tempo, remédios super fortes, e cada vez que ia fazer a espirometria, um exame para medir como o meu pulmão estava, os resultados eram piores. Lembro-me de que um dos exames mostrou que a idade do meu pulmão era compatível a de uma pessoa de 82 anos com problemas sérios.

Imagine você a que ponto cheguei; mesmo assim, fumava um cigarro atrás do outro e, muitas vezes, dormia praticamente sentada devido à falta de ar. Hoje vejo que era minha forma de mostrar ao mundo que nada mais importava, uma forma de mutilação inconsciente.

Com os documentos do médico em mãos, ela iniciou a elaboração do documento que se chamava Compassionate release or sentence reduction (Liberação compassiva ou redução de pena), que ficou pronto em aproximadamente 10 dias. No documento, ela citou alguns casos como exemplos para a juíza, depois entendi que todos os casos mencionados eram exemplos de liberação, de pessoas que já estavam presas e saíram com o benefício. No meu caso, ela estava solicitando que eu não fosse presa e iniciasse a minha sentença em casa. Não existia jurisprudência para a minha situação.

Quando recebi o documento finalizado, me pareceu incrível e muito bem articulado, mas tanto eu quanto Carlos éramos leigos, e resolvemos pedir para que o nosso excelente advogado civil desse uma olhadela e pontuasse se algo lhe chamasse atenção.

Ele respondeu dizendo que tudo estava muito bem-feito, mas que eu não poderia apresentar o documento como *per se*, que significa *por si*; ou seja, eu não tinha um advogado me representando, eu representava a mim mesma: isso não causaria nenhum impacto em uma juíza de corte federal. Foi então que liguei para a advogada que trabalhou comigo até a minha sentença, perguntando se ela poderia me ajudar com isso. Ela disse que o menor valor que o escritório dela cobraria por esse documento era de 10 mil dólares e que, de qualquer forma, ainda não era a hora certa de fazer isso, que só poderia ser feito após eu ter cumprido pelo menos 50% da minha pena.

Liguei para Helena contando o que minha advogada tinha dito. Helena disse para eu não me preocupar, pois que ela arrumaria um amigo advogado que iria nos ajudar por um pagamento de 500 dólares, concordei e ela prosseguiu. No final do dia, ela já tinha um contato e pediu para que eu realizasse o pagamento, o que fiz prontamente.

Por fim, o documento seria apresentando e eu tinha esperança de que daria tudo certo, até que logo na manhã do dia seguinte, Helena me diz que o advogado devolveria meu dinheiro, pois infelizmente ele não conseguiria dar entrada no tribunal eletronicamente: tinha acabado de descobrir que esse era o único estado no país inteiro que só aceitava advogados locais para inserir o documento eletronicamente.

Mais uma pedra no caminho, tínhamos perdido a batalha, não a guerra! Agora tínhamos de encontrar alguém que fosse licenciado no estado correto, que topasse assinar aquele documento, tivesse tempo para lê-lo, não me custasse os olhos da cara e se compadecesse com a minha história "a fim de me ajudar".

Eu sempre fui muito obstinada em tudo que sempre quis, nessa situação, senti que um pouquinho da Janaina de antes ainda morava dentro de mim.

Tomei uma decisão e falei que se houvesse um advogado que se encaixasse nas necessidades anteriores, eu o encontraria, mesmo que para isso eu tivesse de ficar dias no telefone.

Comecei a minha jornada para encontrar a pessoa correta, liguei para cerca de cem advogados, já era o terceiro dia e um número de incontáveis não. Desistir não era uma opção. Eis que um deles, o senhor Souza, escutou resumidamente a minha história. Disse conhecer o promotor e a juíza, que faria a revisão e colocaria no sistema do tribunal federal o documento, desde que lesse sobre meu caso e achasse que de verdade pudesse me ajudar. Ele ficou de me retornar no final do dia.

A ansiedade tomava conta de mim; eis que por volta de 7 da noite ele me liga e diz que me cobraria 5 mil dólares para estar comigo até o final; que me ajudaria e estava extremamente comovido com o que havia me acontecido, com as proporções que o meu caso havia tomado; e que aquilo era sem precedentes, briga de cachorro grande. Agora havia duas pessoas trabalhando comigo até o final, Helena e Souza.

Fiquei em uma felicidade sem tamanho!

Eu não esperava gastar mais esse dinheiro, mas essa era minha última opção. Depois de tudo que já havíamos gastado, esse valor era pequeno e era minha vida em jogo.

Coloquei Souza e Helena em contato, para que eles fizessem os últimos ajustes e entrássemos com o documento o mais rápido possível.

Documentos revisados, todos os documentos que davam suporte à petição foram anexados, que eram os do médico e meu histórico de quatro anos de alergia, pois eu já tratava disso muito antes desse problema. Documentos enviados!

Agora só me restava esperar!

TUDO CERTO, NADA RESOLVIDO!

O tempo passava devagar para quem esperava uma resposta e muito rápido para quem seria retirada do mundo por seis meses. No caso, era como se fossem duas pessoas diferentes e elas coexistissem dentro de mim.

Havia algumas coisas para organizar antes de me entregar, como pagamentos; pedir uma linha telefônica para a casa em meu nome, que era uma das exigências caso eu ficasse em prisão domiciliar; ajustar detalhes com advogados; preparar tudo de que eles pudessem necessitar; e a mais importante de todas as coisas era tranquilizar minha mãe.

Eu já não podia mais adiar a conversa com ela, liguei e contei a seguinte história: que havia sido decidido o que aconteceria comigo e a juíza tinha me dado duas opções; a primeira, que eu deveria pagar uma multa de 120 mil dólares por três meses, e a segunda ir para um campo federal, por também três meses, fazer um curso na área médica, onde eu ficaria reclusa, algo similar a um internato.

Antes que ela tivesse tempo de dizer qualquer coisa, expliquei que não podíamos pagar e que tinha optado pela reclusão. Então, ela começou a fazer perguntas similares a todas as minhas dúvidas, para as quais eu ainda não tinha respostas; fui breve e incisiva nas respostas, fugindo do confronto. Eu, diante dela, parecia firme como uma rocha, mas queria ser breve, porque se demorasse mais alguns minutos não aguentaria e me desmoronaria em choro. Disse que tinha de sair, que estava tudo bem e que depois falaríamos mais a respeito.

Desliguei o telefone e chorei muito! Pelo menos, os três primeiros meses já estavam solucionados e, caso ficasse mais, depois eu resolveria como faria.

Mas um episódio assustador estava por vir: eu teria de dar um depoimento ao advogado da gigante, advogado esse que, claro, por razões óbvias, eu não gostava. Via-o como alguém sem escrúpulos, pouco profissional, a ponto de bater palma quando uma pessoa em um depoimento falou algo que ele julgava benéfico ou ficar fazendo "joinha", caras e bocas para uma testemunha. Mas o que mais me irritava nele era o quão irônico ele era, além de seu jeito debochado.

Eu estava muito debilitada em todas as esferas da minha vida, sabia que ele tentaria me destruir como um gigante pisando em uma formiguinha. Tinha de me preparar psicologicamente para o depoimento, mas como fazer isso se o meu psicológico estava abalado de todas as formas possíveis?

Era sexta-feira e nossos advogados resolveram fazer uma reunião para me preparar para o depoimento que seria na segunda-feira, às 9 da manhã, reunião essa que demorou cerca de três horas. Também entraram com uma petição no tribunal que proibia o representante da gigante de usar meu caso criminal para me desestabilizar e/ou beneficiá-lo no momento em que me interrogava. Graças a Deus, a petição foi aceita e ele não podia me interrogar criminalmente.

Pois bem, todas as minhas energias estavam focadas nisso, e passei o fim de semana revendo detalhe por detalhe o que eu já sabia de cor e salteado, mas o nervosismo não me deixava fazer nenhuma outra coisa. Estava apavorada e com medo de falar algo que ele pudesse usar contra mim, afinal de contas, a essa altura eu sabia que isso era a coisa mais normal do mundo e seria feito sempre que possível.

Era incrível como desde que tudo isso havia começado, o fim de semana tinha se tornado sinônimo de sofrimento, pois sempre na sexta-feira acontecia algo que nos deixava de cabelo em pé e apreensivos até segunda. Quantas vezes éramos comunicados de coisas péssimas em uma sexta, no fim do dia, e não importa quanto pedíssemos para que os advogados não fizessem mais isso, não adiantava. Claro que no caso anterior não havia outra opção, mas vivemos isso por anos.

A temida segunda chegou e lá estou eu sentada na frente do computador no escritório de casa, meu advogado estava on-line, assim como todos os demais, os da gigante, representantes da empresa para a qual vendemos, e do seguro também.

O interrogatório começou às 9 da manhã, mais ou menos, a cada uma hora pedia para ir ao banheiro e me davam 15 minutos, com isso, eu diminuía um pouco o estresse e fumava um cigarro para acalmar os ânimos. Não me pergunte como consegui, mas externava uma serenidade e uma calma fora do comum, claro que por dentro não me sentia assim. Com o passar das horas, fui vendo que a acusação estava perdendo a paciência comigo e tentava me tirar do sério, gritou algumas vezes e chegou a perguntar se eu estava dando meu depoimento drogada. O advogado fazia perguntas dúbias o tempo todo, e a mesmas perguntas de diferentes formas para ver se eu caía em contradição. Cheguei a ponto de falar que já havia respondido à pergunta, e que se ele estava tentando me fazer cair em contradição isso não aconteceria, pois a resposta era verdadeira, e nada nem ninguém mudariam isso. Após longas horas, perto das 7 da noite, terminamos o dia e nos propomos a continuar na manhã seguinte, às 9, porém um advogado se opôs. Ele não poderia estar presente no dia seguinte e, então, em comum acordo decidimos que a continuação seria na quarta pela manhã.

Reunião finalizada, fui até o Carlos que assistia a tudo pelo seu computador na sala de casa; disse que eu havia me saído muito bem, logo em seguida, os advogados ligaram e me deram os parabéns!

Mais uma noite e um dia para esse tormento terminar, pelo menos eu achava que deveria ser o último dia na quarta.

Na quarta-feira começamos tudo novamente, o advogado de acusação já chegou mostrando que vinha com uma estratégia muito mais agressiva, gritava, fazia perguntas e exigia que eu respondesse com sim ou não; eu me recusava, até que respondendo a uma pergunta, ele me disse que se não respondesse sim ou não, teríamos de voltar no dia seguinte e haveria mais um dia completo de interrogatório. Foi quando falei que já não tinha mais nada para perder que eles já não tivessem me tirado, e que eu poderia estar à disposição do advogado para quando necessitasse.

Para me desestabilizar o advogado, mesmo com o documento que não lhe dava o direito de perguntar sobre meu caso criminal, me interrogou sobre o assunto. Sobre a objeção do meu advogado, ele chegou a dizer: *"lembre-se de que você está indo presa pelo motivo que está aqui hoje"*. Ainda assim, eu continuava olhando para a cara dele com ar de *um fantoche sem* emoção. Na verdade, me sentia vazia, oca por dentro, e isso refletia nos meus olhos.

Após todas as tentativas frustradas de me tirar do sério, ele decidiu encerrar por volta das 2h30 da tarde.

Esse episódio havia sido encerrado e agora só nos veríamos no tribunal.

O DIA SE APROXIMAVA

A ansiedade tomava conta de mim aguardando a resposta da minha moção, o promotor já havia negado, o que os advogados já tinham me avisado que iria acontecer, e que era a juíza quem iria decidir.

Estávamos a menos de duas semanas para o dia em que eu teria de me entregar no presídio e nada, não sabia se comprava ou não a passagem de avião, uma pressão de mim para mim mesma muito grande; aceitação, medos, frustações, angústia, ansiedade, estava tomada por diferentes sentimentos, nenhum deles me trazia paz.

Meu relacionamento ia de mal a pior, parecíamos dois estranhos em casa. Ele dizia que se sentia impotente por não poder me ajudar e que daria um dedo da mão se pudesse para estar no meu lugar. Ainda assim, fomos nos distanciado, isso me deixava mais aflita, porque não sabia o que fazer para não estarmos daquela forma, aquilo se tornou mais um peso para mim, afinal de contas, eu desapareceria por meses e ele era tudo o que tinha.

Era muito estranho o abismo que se formou entre nós, sentia que ele não se importava comigo, somente com a situação. Nós dois estávamos infelizes, mas como ser feliz no meio de um tsunami interminável?

Ao mesmo tempo, fazíamos planos de nos mudar de país e recomeçar juntos em outro local. Ele estava analisando alguns lugares, eu estava feliz de pensar em me mudar, tudo naquele lugar me dava tristeza.

A esperada resposta chegou e era não! Foi mais um baque, mais uma frustração entre tantas, fiquei muito mal mesmo, mas talvez essa frustração tenha sido necessária, porque isso me trouxe esperança e me manteve em movimento.

Já não tinha mais o que fazer, precisava enfrentar e ser forte!

A senhora Helena me ligou e disse para eu ficar calma, pois ela iria me explicar tudo o que aconteceria. Pediu para que eu fizesse uma lista com nomes, telefone e endereço das pessoas que eu gostaria de ter contato; que precisaria de uma cópia do meu currículo escolar ou diploma; da cópia de uma taxa que eu havia pagado no tribunal; e de um papel para mim mesma, dizendo que eu era forte e que passaria por aquilo. Deveria pegar tudo isso e enviar para mim mesma com o número de registro de presa que já havia sido dado pela minha advogada, e enviasse pelo correio para que chegasse junto comigo, uma vez que eu não poderia levar esses papéis.

Explicou que eu teria direito a 300 minutos de ligação telefônica por mês, as quais eram pagas e que custariam 0,90 centavos de dólar, mas que era possível diminuir o custo: era só eu pedir para as pessoas com que eu me comunicaria que baixassem um número do Google com o código de área de onde eu estava, aí a ligação sairia por 0,25 centavos; que tinha direito a chamadas de vídeo de 20 minutos, as quais custariam 6 dólares cada uma; se precisasse imprimir algo, cada folha custaria 0,30 centavos; e me explicou sobre a loja que, na verdade, era um mercado dentro da prisão. Estava extremamente preocupada com a comida, tinha lido muito coisa ruim a respeito, era assustador.

O limite da *commissary* (loja) era de 360 dólares por mês, ou seja, 90 dólares por semana. Helena me enviou uma lista para que eu olhasse o que era oferecido ali, e me deu dicas do que comprar primeiro, entre comidas e produtos de necessidades básicas. Tinha de tomar cuidado para não gastar demais e acabar sem coisas importantes, e ter de esperar mais uma semana.

Commissary é o local onde presos com boa conduta podem fazer compras com fundo fiduciário que foi enviado pela família ou pagamento pelo trabalho. Eles pegam uma lista de itens que querem comprar e ficam na fila, na janela do refeitório. Quando o pedido do comissário é preenchido, eles saem com uma sacola cheia de mercadorias preciosas, como café, sopa instantânea, batatas fritas, biscoitos, alimentos enlatados, xampu, sabonete, pasta de dente, papel para escrever e selos. Também podem comprar coisas como, relógios, ventiladores, sapatos, roupas íntimas e medicamentos básicos de venda livre.

Imagino que vocês devem estar pensando que estar preso sai caro, foi exatamente o que eu pensei! E logo mais, não só pensaria, mas também seria uma constatação.

Helena também pediu que eu separasse as bombinhas de asma com o meu histórico médico, roupas que pudesse jogar fora, pois eles lhe perguntam se podem descartar ou você quer enviar para casa; se enviasse para casa, isso me traria um custo desnecessário e poderia precisar daquele dinheiro para outras coisas, então, a melhor opção era dizer que eles poderiam descartar.

Ela também me explicou que, assim que eu chegasse, deveria pedir um formulário para escrever ao diretor da prisão e enviar os documentos que dessem suporte à minha asma; provavelmente, ele aceitaria que eu voltasse para casa, quando muito, em 45 dias eu estaria de volta. Ela me enviou um e-mail com tudo que eu deveria escrever no documento para o diretor, explicando minha situação, e me orientou a enviar isso também por correio para mim mesma.

Pediu-me para fazer uma lista de livros na Amazon, que não incluísse nada de capa dura e que mandasse para pessoas de que eu gosto; que eu podia escrever uma carta me despedindo das pessoas que eram importantes e enviar por e-mail com o link dos livros, caso alguém quisesse me presentear. Então, enviei o e-mail a seguir. Enquanto escrevo, ao ler, ele me fez chorar, porque é como se eu tivesse de reviver tudo novamente para poder dividir isso com vocês.

> Querido amigo,
>
> Estou escrevendo esta carta para atualizar você. Em primeiro lugar, deixe-me agradecer por seu amor e apoio contínuos. Essa experiência me trouxe muitos altos e baixos, sei que ando distante e calada, mas neste momento é o melhor que posso fazer e sei que você me entende. De certa forma, é bom avançar para a próxima fase, pois este martírio agora tem data para acabar.
>
> Me entregarei ao Campo Federal de Marianna na terça-feira, 1º de junho de 2021. Minha maior preocupação tem sido minha mãe e família, ter certeza de que eles estão bem enquanto eu estiver lá dentro é muito importante para mim. Sei que minha ausência não será fácil (pessoas modestas temos aqui), até mesmo porque, espalhafatosa como sou, ocupo bastante espaço, rs.
>
> Eu prometo que vou trabalhar duro e criar estratégias para evitar o tédio e dias de tristeza inevitáveis. Devo permanecer produtiva e me preparar para os obstáculos que me aguardam. Sei que vou encontrar uma estratégia específica para tornar meu tempo produtivo. Por enquanto, gostaria de responder a algumas das muitas perguntas que recebi.
>
> Qual é a duração da minha sentença?
>
> Espero ficar pouco tempo no acampamento e ser transferida para a prisão domiciliar o mais rápido possível. Apro-

veito também para contar que o documento que demos entrada no tribunal foi recusado pela juíza; ela alega que mesmo com o coronavírus eu tenho de estar lá dentro para fazer essa solicitação. O lado positivo e que ela não exclui os fatores que me fazem apta para ter esse benefício, o que é muito bom! Então, assim que eu chegar, eu irei fazer a solicitação novamente e eles terão 30 dias para responder, porém pode atrasar um pouco devido ao coronavírus. Os meus advogados estão muito confiantes devido à forma que nos foi respondido. Que Deus me abençoe, que eles realmente me autorizem, que o melhor aconteça e eu possa estar em casa logo mais. Dentro do possível, estou animada com isso e positiva, com a certeza de que vai dar certo, rezem por mim!

Localização

Estarei no acampamento feminino de Marianna. O endereço de correspondência é o seguinte:

JANAINA NASCIMENTO

NÚMERO DE REGISTRO: 30682-xxx

FCI MARIANNA

INSTITUIÇÃO CORRECIONAL FEDERAL

SATÉLITE CAMP

P.O. BOX 7006

MARIANNA, FL 32447

Como as outras mulheres do acampamento, espero ter um trabalho designado. Os empregos incluem trabalhar no refeitório, recreação, biblioteca, jardinagem, ordenança e muitos mais.

Felizmente, há muito tempo para me exercitar, ler, escrever e me envolver em programação para desenvolver novas habilidades.

Comunicações por e-mail

Posso adicionar até cem pessoas à minha lista de e-mail. Este não é um e-mail tradicional, como Google ou Yahoo.

É um sistema privado controlado. O sistema salva todos os e-mails recebidos e enviados para revisão. Sem dúvida, o e-mail oferece uma oportunidade mais fácil de nos comunicar. Se você tiver interesse em se comunicar comigo por e-mail, responda a este e-mail com seu e-mail, número de telefone e endereço de correspondência preferidos. Assim que estiver no acampamento, irei inserir suas informações no sistema para que você seja aprovado.

Telefonemas

Infelizmente, só tenho permissão para 300 minutos de telefone por mês. Isso equivale a uma média de menos de 10 minutos ao telefone por dia. Se você quiser que eu o adicione à minha lista de telefones, me avise. Por favor, entenda, no entanto, que estou planejando reservar a maioria desses minutos de telefone para minha família imediata. Gostaria que o sistema não exigisse que eu fosse tão mesquinha com acesso ao tempo de telefone.

Pacotes de carinho

Todo mundo sabe que um dos maiores prazeres que tenho na vida é comer, e amaria poder receber um monte de coisas gostosas, mas infelizmente não posso aceitá-las, rs... No entanto, posso receber livros, jornais e revistas, cartas e até 10 fotos (só são permitidos livros com capas moles). Portanto, se você quiser me enviar um livro, faça-o. Meu perfil Amazon é: https://www.amazon.com/hz/wishlist/ls/CJ4UVTOVN0AF?ref_=wl_share.

Se tiver alguma sugestão de livro que queira enviar, será muito bem-vinda também!!

Por favor, não planeje me enviar livros, carta e/ou fotos antes de eu ter me rendido ao acampamento. Meu endereço de correspondência para cartas e livros é:

JANAINA NASCIMENTO

NÚMERO DE REGISTRO: 30682-xxx

FCI MARIANNA

INSTITUIÇÃO CORRECIONAL FEDERAL

SATÉLITE CAMP

P.O. BOX 7006

MARIANNA, FL 32447

É mais fácil enviar livros da Amazon ou da Barnes & Noble. Além disso, todos os livros devem VIR DIRETAMENTE de um vendedor de boa reputação, como a Amazon. Nunca envie mais de quatro livros por vez.

Chamadas por telefone

Eu preciso que os amigos que queriam se comunicar comigo baixem um número do Google, que é gratuito, com o código de área de onde estarei, assim a ligação será considerada chamada local. (Em Marianna, o código de área é 850.) Após a configuração do número do Google, é só programar para que as chamadas sejam encaminhadas para o número do seu telefone. (Qualquer dúvida me fale que eu o ajudo.) Isso vai me ajudar a economizar em chamadas e usar a cota mensal em outras coisas que posso comprar na loja do campo. Por favor, se puderem colocar um toque diferente para quando eu ligar, eu agradeço! Assim evitamos que eu perca a minha vez de ligar e posso ter um tempinho com você! Também quero que saiba que quando estivermos ao telefone, a cada 45 segundos terá um intervalo dizendo: "esta ligação é de uma prisão federal". Deve ser muito chato, mas é assim que o sistema funciona. Link para download do número está a seguir; por favor, me envie o número que você obteve neste processo o mais rápido possível, para que eu possa colocar na minha relação... Eu diria que preciso receber esse número até terça da semana que vem, no máximo.

https://support.google.com/voice/answer/7207482?co=-GENIE.Platform%3DDesktop&hl=en

Chats de vídeo

Existe a opção de agendar chamadas de vídeo, assim posso ver você e matar um pouco a saudade! Você terá de baixar um link do Corrlinks, mas que será enviado a você com instrução de como fazer para que eu possa chamá-lo assim que o seu contato seja aprovado; por favor, fique atento aos e-mails. Segue o link caso você queira dar uma olhadinha ;)

https://www.corrlinks.com/Login.aspx

> Muito importante: as informações para a minha mãe continuam na mesma, por favor, não entrem em contato com ela, Carlos cuidará de tudo.
>
> Obrigada novamente por seu apoio.
>
> Amo você!!
>
> Beijão no coração

Também fiz assinatura de revistas de fofoca, quanto mais coisas, mais ocupada eu ficaria.

Por mais que Helena me explicasse, eu nunca ia estar suficientemente preparada para o que estava prestes a acontecer. Mas já tinha decidido que ficaria forte, na minha cabeça não havia espaço para demonstrar fraqueza, não queria sofrer *bullying* e fiz milhões de conjecturas: como eu me comportaria, como me relacionaria com as pessoas. Tudo com base na pouca informação que eu tinha e no que eu achava que pudesse encontrar lá dentro.

No meio de tudo que eu havia mandado para mim, adicionei fotos da minha mãe, de Carlos, amigos, cachorros e escrevi uma carta para mim mesma, que não tenho cópia, acabei perdendo, mas me lembro de uma das frases que funcionavam como um mantra diário; dizia: "O tempo é o mais precioso dos recursos, mesmo aqui, não desperdice!!".

Tudo estava organizado para eu ser retirada do mundo, o dia se aproximava e uma amiga com sua família veio passar uns dias comigo para me ajudar a carregar as energias. Fizemos muitas coisas gostosas, eles foram embora na sexta para que eu e Carlos pudéssemos ficar um pouco juntos.

Pois bem, assim que eles saíram, Carlos perguntou o que eu queria comer, disse que gostaria de sair, ele falou que não estava com vontade e que iria cozinhar. Eu queria mesmo era passear, iria ficar presa naquele lugar sabe Deus por quanto tempo, queria ver pessoas, sair, me divertir e, de repente, tivemos uma superbriga: eu gritando, ele também, as coisas tomaram uma proporção absurda e ficamos sem nos falar até o dia do voo, falando o menos indispensável possível.

O clima estava péssimo, sem dúvida, ele tinha um monte de reclamação de mim, mas senti muita falta de empatia, de cuidado, de amor. Eu estava indo para a prisão, não indo de férias para um resort, isso foi muito duro para mim, e o que já era ruim, depois disso, ficou muito pior, pois ainda somou o peso do desamor.

Eu me entregaria na terça-feira, mas resolvemos chegar um dia antes, pois não poderíamos contar com nenhum imprevisto: se qualquer coisa acontecesse e eu não me apresentasse no dia, seria considerada fugitiva.

Domingo iniciamos a viagem e, a princípio, parecíamos dois estranhos, havia um clima muito pesado e frio. Entrei no avião e desabei, não conseguia parar de chorar, estava indo para uma prisão federal, o homem que era meu porto seguro parecia um ser inanimado, frio, sem sentimentos, e eu me sentia o ser humano mais perdido e sozinho do mundo.

Chegamos a Tallahassee, cidade que era o ponto mais próximo do presídio. Fomos para o hotel, deixamos as coisas e fomos comer algo, ele já estava menos fechado e mais receptivo. Minha cabeça estava a mil e tinha muita necessidade de receber afeto, mas meu orgulho não me deixava pedir, me sentia muito machucada por tudo que vinha acontecendo.

Sempre que discutíamos, Carlos dizia que tinha perdido muito dinheiro; muitas vezes, a impressão que tinha era de que estávamos disputando para ver quem sofria mais. As dores dele e a forma como encarava as coisas eram diferentes das minhas, cada um reage à sua maneira, mas eu tinha perdido minha empresa; dinheiro; meu nome; minha honra; minha autoconfiança; meu direito de ir e vir; e, agora, estava prestes a perder minha liberdade. O tempo é nosso bem mais precioso e que não tem preço, todo o resto eu poderia recuperar, mas o tempo não, por isso estava decidida que, mesmo lá, eu não desperdiçaria tempo e faria o melhor proveito dele possível.

Tínhamos apenas um dia e resolvemos fazer um passeio ao ar livre, encontramos um parque cheio de *ziplines* de diferentes tamanhos, alturas e passamos a tarde brincando naquilo, nos divertimos bastante, como há muito tempo não fazíamos. Posso que dizer que tinha carregado um pouquinho a bateria e me reenergizado para o próximo dia.

Eu teria de me entregar até às 2 da tarde e a advogada recomendou que eu não chegasse depois do meio-dia, porque poderia pegar mudança de turno; e se isso acontecesse, passaria o dia todo sentada esperando para me liberarem.

O dia seguinte seria o dia mais difícil da minha vida!

1º DE JUNHO DE 2021

Partimos em direção ao campo, que ficava um pouco mais de uma hora de onde estávamos. A cidade se chamava Marianna, minúscula, o GPS dizia que estávamos nos aproximando, a zona era rural e então chegamos.

Achávamos que estávamos errados, porque aquilo não parecia uma prisão, não víamos nenhuma grade, policiais armados, carros de policiais, ônibus igual aos filmes, nada!

Carlos falou ao guarda que eu estava ali para me entregar, passou meu nome, o guarda avisou no rádio e disse que eu estava liberada.

Era um caminho sem volta e ali eu começaria a enfrentar todos os meus monstros, medos e anseios que alimentei por mais de um ano.

Chegamos ao estacionamento, Carlos parou e me abraçou, ficamos ali calados e estávamos nos preparando para entrar, ou para eu deixá-lo ir e entrar sozinha, não sei ao certo o que faríamos ainda. Então, uma mulher aparentando seus 50 anos, baixinha, gordinha, olhos azuis, loira e bem masculinizada bateu no vidro do carro e disse: *"daqui ela tem que seguir sozinha"*. Ela não era nada amigável, era seca e ríspida. Então, ela disse a Carlos que eu entraria em quarentena e que não esperasse notícias minhas pelos próximos 14 dias.

Por mais que já tivéssemos escutado isso milhões de vezes, não acredito que qualquer pessoa do universo está preparada para sumir do mundo e ficar sem comunicação com tudo e todos por tantos dias. Olhamos assustados um por o outro: era hora de nos despedir.

Abraçamo-nos, beijamos, agradeci e disse para, por favor, ele não me esquecer; desejei que ele fizesse uma boa viagem de volta. Eu imaginava que não estava sendo nada fácil para ele me deixar ali, não poder fazer nada para me ajudar, o sentimento de impotência em voltar sozinho etc. Eram dores diferentes, mas muito doloridas para ambos.

Segui a mulher, caminhamos pelo lado de fora e entramos na primeira porta à direita, mal consegui observar o que tinha ao redor, mas foi suficiente para algo me chamar atenção: não via ninguém, era como se a terra tivesse tragado as pessoas lá.

A sala era relativamente pequena, tinha como se fosse um guichê de ônibus sem o vidro. Fiquei do lado de fora do balcão esperando, ela pegou meu saquinho com os remédios, para conferir que estava tudo dentro do permitido, e foi separar meus documentos. Então, ela me deu uns documentos para assinar, tirou minhas impressões digitais e fez um teste de DNA, que é especial para ter meu histórico genético.

Foi então que ela me chamou: meu coração disparou, parecia que sairia pela boca, acho que havia chegado um dos momentos pelos quais eu tinha sofrido tanto com antecedência, era hora de trocar de roupa.

Eu estava certa, era exatamente isso!

Ela perguntou que número de sapato eu usava, de roupa, me olhou de cima a baixo, disse que meu tamanho era o pequeno, mas que não tinha mais, ia me dar tamanho médio mesmo, me deu um único conjunto de calça e blusa bege, estilo roupa de enfermeira com as mangas mais curtas, uma camiseta velha marrom, sutiã que na verdade era igualzinho a um top de academia muito surrado, cinza e bastante apertado, uma alpargata azul cheia de furos e uma calcinha. A calcinha era a coisa mais nojenta do mundo, era marrom, já havia sido usada mil vezes, eu acho, com o elástico todo esgarçado. Confesso que tentei não pensar nisso porque não iria fazer muita diferença, pois naquele momento ficar sem calcinha não era permitido. Para piorar a situação, estava menstruada, aquilo já era tudo muito humilhante, mas estar menstruada foi ainda pior. Ela pediu para que eu entrasse em outra salinha e ficasse nua, claro que ela acompanhava atentamente cada movimento meu. Tirei a calcinha, joguei no lixo, tirei o absorvente interno, joguei também, não sei nem como descrever tudo que senti naquele instante.

Agora era hora das medidas de segurança, e ela começou a me dar as coordenadas: pediu para eu abaixar, levantar, tossir, olhou dentro do meu cabelo, atrás da orelha e, então, me deu autorização para que eu me vestisse.

Ela me deu um cartão com os meus dados da prisão e, a partir daquele momento, tinha entendido que todos me chamariam pelo sobrenome. Ela me disse que tínhamos terminado e me levou para a triagem com os médicos. Em poucos minutos, já sentia que tinha perdido o domínio de mim e era como uma mercadoria entregue de um departamento ao outro. O sistema faz isso com a gente, você se sente um nada!

Eu já tinha recebido meus remédios de volta e, então, fizeram alguns exames de sangue, urina e tuberculose. Pois é, presídios têm alto índice de tuberculose. Fizeram várias perguntas sobre minha saúde, acabei me esquecendo de falar que tinha hérnia e o menisco direito partido, só fui entender o quão importante isso era depois, mas esse é assunto para outro capítulo.

Logo a princípio, a sala de enfermagem me chamou muita atenção devido à precariedade, à desorganização, mas as duas enfermeiras que estavam lá foram muito educadas e gentis, isso me surpreendeu bastante. Terminaram a triagem e uma das enfermeiras, que era bem novinha, acho que não tinha mais de 25 anos, loira, com olhos azuis, bem bonita e simpática, foi me levar para o departamento seguinte.

Pude observar um pouco melhor o espaço: todas as portas, que ainda eu não sabia o que eram, cada uma delas dava para fora, diretamente para o complexo que era todo de grama. O espaço era como o de uma fazenda, com jardins e grama ao redor dos prédios dos dormitórios; eram quatro grandes prédios de dois andares cada um, do lado de fora, na frente dos prédios, tinha um pequeno espaço de concreto que era suficiente para caber quatro mesas moduladas chumbadas no chão, com espaço para oito pessoas cada. Elas eram pintadas de um vermelho queimado, tinham algumas mulheres lá, o lugar já parecia ter vida. Aproveitei que estava com a enfermeira simpática e perguntei se aquelas meninas eram presidiárias, ela me disse que sim.

Próxima parada era o escritório da psicóloga. A doutora tinha uma aparência quase cômica, andava e falava de modo engraçado, e os trejeitos também não ficavam atrás. Seria o que chamaríamos de porra louca, numa primeira impressão.

Ela me deu um questionário para responder, eram perguntas sobre o meu histórico familiar, depois várias perguntas que giravam em torno do meu estado psíquico e se eu tinha vontade de me matar. Terminado o questionário, batemos um longo papo, ela me assegurou que, com meu histórico, sairia dali rapidinho, ela achava que eu não ficaria mais de 45 dias. Foi um alívio escutar exatamente o que Helena já havia me dito.

Esse já era o terceiro setor e eu estava concentrada em conseguir o formulário que Helena tinha me dito que eu precisaria para me comunicar com o diretor da prisão, na minha cabeça, quanto antes eu apresentasse, mais cedo sairia daquele lugar. Todos me disseram que não tinham acesso a esse documento e a psicóloga me falou que eu poderia solicitá-lo, o qual se chamava BP8, na administração, que seria a minha próxima parada.

La fomos nós... Acredito muito em energia, obviamente, estava em um lugar carregado de energias ruins, sofrimentos, dores, mas quando entrei naquela sala e vi uma mulher que se apresentou como a gerente do meu caso, me deu calafrios. Uma mulher que tinha tudo para ser bonita, mas os olhos dela me davam arrepios, como eu disse, energia não mente e, mais tarde, viria apelidá-la de "Black Soul" (alma negra), apelido que pegou e muitas pessoas se referiam a ela dessa forma.

Ela começou a olhar minha ficha, pediu para eu ler várias coisas que explicavam meus direitos e deveres; disse que era a encarregada por mim (na verdade, ela era a única em todo o complexo, depois descobri que ela era encarregada por todas as mulheres ali); que eu seria liberada; e que em 30 dias me chamaria para avaliar meu caso. Como assim, 30 dias, um mês? Nesse tempo, eu já esperava estar me preparando para sair. Mas não quis ficar fazendo muitas perguntas, achei melhor analisar o campo minado, antes de qualquer coisa.

A única coisa que fiz, com a voz embargada, foi perguntar pelo formulário, expliquei que minha advogada havia me instruído a solicitar e perguntei se ela seria a pessoa certa a quem eu deveria perguntar. De maneira fria e grossa, ela respondeu que eu tinha acabado de chegar e já estava querendo solicitar coisas; que não eram assim que as coisas funcionavam, ela não me daria nada naquele momento, isso só aconteceria depois que eu saísse da quarentena. Ou seja, eu perderia 15 dias. Na vida dela, nada mudaria se ela tivesse me dado aquela folha de papel, mas para me mostrar autoridade, fui tratada com desdém. Aquela era a minha realidade agora.

Então, ela me apresentou à senhora Cristina, que disse que era a gerente do campo. Começou a me explicar algumas coisas básicas, não consegui ter nenhuma opinião sobre ela, parecia neutra; eu estava muito frustrada por não conseguir o documento que, naquele instante, era a única coisa na qual eu pensava.

Ela começou a me explicar várias coisas, eu estava com a cabeça distante, pedi que repetisse dizendo que não tinha entendido muito bem. Foi então que entendi que ela estava dizendo que, no decorrer daquela semana, me levaria a um local para que eu colocasse os meus contatos em um computador, a fim de que pudesse fazer ligações. Pelo menos uma coisa boa até o momento: não demoraria 15 dias para eu poder me comunicar, como a senhora que me recebeu havia dito a Carlos.

Ela me deu um papel com dois números, um era meu número de registro, do qual já tinha conhecimento, e outro que se chamava PAC: era um número de controle interno para cadastrar contatos. Pediu para que eu memorizasse ambos, que não desses esses números a ninguém e os deixasse bem escondidos para que ninguém pudesse roubá-los. Digamos que não era a melhor das boas-vindas, não é!

Pediu para que eu a seguisse, ela me deu um número, que viria a ser de onde eu dormiria. Saímos da sala e caminhamos por um estreito caminho de concreto até chegar onde estavam os guardas. Fui saber mais tarde que eram os dois únicos guardas de todo estabelecimento e que, normalmente, só tinha um. O local onde eles estavam era bem no meio do campo e dava uma visão periférica dos dormitórios.

Ela bateu à porta, foi embora e eu fiquei ali esperando a próxima coordenada, as poucas presas que estavam do lado de fora, sentadas às mesas, me olhavam como se eu fosse um extraterrestre. Queria muito poder ler o pensamento delas, mais tarde eu entenderia o que elas pensavam, porque estaria naquela posição.

O guarda me deu um saco cheio de coisas, perguntou se era minha primeira vez ali e me levou até o prédio onde eu moraria por enquanto. Acenei com a cabeça para as meninas sentadas do lado de fora, ele abriu a porta, senti um cheiro bem peculiar, estranho, ruim. Descendo as escadas, veio uma menina que ficaria bem próxima a mim, mas pela frente, tinha cara de menina, era muito agitada, perguntou o meu número e saiu como se tivesse correndo uma maratona, pediu que a seguisse e me levou ao piso superior onde era o meu cubículo, que seria a minha casa pelos próximos 15 dias. Saiu correndo novamente, voltou com um colchão, me deu uma garrafa de água, apareceu outra menina e me deu um pacote de salgadinho, a apressadinha pediu para eu segui-la, me mostrou onde era o banheiro e onde estavam as coisas que eu poderia utilizar para limpar meu espaço. Agradeci e voltei para o quarto, que era um cubículo com o tamanho suficiente para um beliche todo velho, enferrujado, um armário de ferro que não tinha chave, todo enferrujado e caindo os pedaços também, limpei o máximo que pude. O armário dava mais ou menos na altura do meu peito, com duas portas de um lado e duas portas do outro, fui tentar limpar tudo, mas teve um lado que estava impossível, algo tinha caído dentro e estava todo melecado. Sempre fui muito chata com limpeza, mas nesse caso a única coisa que eu poderia fazer era fechar as portas e ignorar lá. O chão parecia que não via uma vassoura há anos, depois fui descobrir que esse era exatamente o caso, o corpo de uma barata habitava debaixo de minha cama... Logo eu, que não chegava nem perto de uma. Limpei o máximo que podia cada centímetro daquele lugar, paredes, janelas, cama etc. Acomodei meu colchão, que deveria ter mais ou menos uns três centímetros, e fui olhar o que tinha dentro do saco.

No saco tinham dois lençóis, duas mantas, uma toalha pequena de mão, uma de banho, duas meias e só! Arrumei minha cama, algumas meninas já tinham passado para me cumprimentar, então resolvi dar uma volta ali em cima, supostamente não podíamos descer porque estávamos chegando, e o piso inferior era para presas que estavam saindo de lá. Isso funcionava bem na teoria, mas não precisou de 30 minutos para que eu percebesse que na prática não funcionava! Estava sozinha no meu cubículo, não dividiria com ninguém.

Passado pouquíssimo tempo, comecei a escutar um grito que dizia *chow hall*, que significava que estava na hora da comida. Como estávamos em quarentena, um guarda trazia um carro de metal alto, cheio de prateleiras dentro, com o número correto de comida; tínhamos de descer e cada uma pegava a sua refeição, claro que nesse momento não existia separação de quarentena, era tudo junto e misturado. Peguei minha embalagem de isopor e fui para cima ver do que se tratava, era um burrito mexicano. No meu quarto, tinha uma mesinha grudada à parede que baixava e levantava, consegui uma cadeira para colocar e me sentei para comer minha comida: aquilo era horrível, disseram que era uma das piores coisas que serviam naquele lugar.

A grande maioria jogou fora e vi algumas pessoas passando com comidas diferentes, então logo pensei que era comida comprada na loja, eu comi o que deu, pois não tinha nada. As compras na loja tinham acontecido naquele dia e eu não sabia se me levariam lá logo mais ou teria de esperar uma semana, pois tinha acabado de descobrir que só permitiam que comprássemos coisas uma vez por semana. Fiquei sentada um tempo literalmente olhando para a parede e pensando em tudo que tinha passado e o que me trouxe até aquele lugar; pensei no sonho americano, na humilhação de ser uma presidiária, em meus medos, em tudo que perdi etc.

Foi então que resolvi dar uma volta no andar e pude perceber que o espaço era preparado para receber 40 mulheres, mas até aquele momento éramos umas 15 e ninguém dividia espaço com ninguém. Era claramente perceptível que algumas poucas estavam ali pela primeira vez, mas a maioria estava ali vinda de outros presídios. Após fazer a volta inteira, voltei para meu cubículo e uma mexicana novinha, muito simpática, veio falar comigo; explicou que a quarenta dela já tinha acabado, que aquele era seu último dia, me mostrou um cubículo no piso inferior onde tinha um monte de livros, escolhi um e subi.

    Deitei-me para ler um pouco e para amenizar o frio. Dei-me conta de que o fuso horário daquela cidade era diferente e estávamos uma hora mais cedo. Era aproximadamente 3 da tarde, eu já tinha feito muitas coisas e o tempo não passava, já tinha percebido que os dias seriam extensos, eu precisava fazer algo para me ajudar e não enlouquecer.

    Um dos primeiros pensamentos que tive naquele dia foi que passamos a vida reclamando de falta de tempo e, normalmente, esgotamos nosso tempo com coisas que não são importantes. E como toda a tecnologia, mídia social, TV etc. são ladrões de tempo e de vida. Ali, sem nada disso, em poucas horas eu me perguntava: quanto tempo o tempo tem?

    Perto das quatro da tarde, uma das meninas vem e me fala que era o momento de contagem: ela me explicou que era o horário em que os guardas passavam contando para ver se alguém tinha fugido e eu, curiosa que sou, perguntei: *"como assim, fugido?"*. Ela me explicou que lá era tudo aberto e, para ir embora dali, era só querer, entrar na mata e desaparecer; não tinham grades, normalmente um policial só, não havia câmeras, era um campo de trabalho, mais ou menos, cada um por si. Claro que se alguém fugisse a penalidade era grande, cinco anos acrescentados à pena.

    Confesso que quando ela me contou isso fiquei assustadíssima, me sentindo insegura, não tinha ideia do que poderia acontecer ali dentro.

    Então, ela me explicou que eu tinha de ficar parada na porta do cubículo, esperar que ele passasse por nós, que tínhamos de permanecer caladas e paradas ali até que ele gritasse que estava tudo ok. Explicou-me que isso era feito todos os dias, durante a semana; os horários eram: às 4 da tarde, 9 da noite, meio-dia, 3 e 5 da manhã. Nas madrugadas, não tínhamos de ficar paradas, mas deveríamos sempre estar em nossas camas, pois poderíamos continuar dormindo. Contudo, com o tempo fui descobrir que continuar dormindo era uma tarefa quase impossível, pois os guardas sempre entravam falando alto, fazendo barulho e, embora o campo não tivesse grades, a contagem era sempre feita em dois guardas:

um sempre vinha do presídio de segurança média, que é uma prisão normal e cheia de chaves, e o que estava no campo sempre carregava as chaves também, caso precisasse ir lá para alguma emergência. Os dois carregavam esse chaveiro preso à calça, aquilo deveria pesar um quilo com tantas chaves; conforme andavam, aquilo fazia um barulhão, à noite, num prédio velho sem móveis e com poucas pessoas, o barulho ecoava e acordava todo mundo.

Eis que foi anunciado no alto-falante, ecoando por todo o campo, que era hora da minha primeira assustadora contagem. Estava parada na porta olhando para o chão, com medo de que eles implicassem comigo.

Logo após a contagem era hora do jantar. Por volta das 16h30 era servida aquela que seria nossa última refeição; tudo se repete: desce, faz fila, sobe e cada uma comendo no seu quadrado. Pelo menos eram refeições quentes, não as bolsas com banana, pão e pasta de amendoim dentro, como eu achava que iria ser. O jantar naquela noite era um macarrão com atum, que também não era uma tarefa nada fácil de enfrentar, mas era aquilo ou ficar com fome.

A mexicana simpática tinha terminado de arrumar as coisas dela para ir embora, mas antes de ir me ofereceu algumas folhas, uma caneta emprestada e um selo, caso eu quisesse escrever uma carta. Aceitei sem pensar duas vezes, porque não sabia quando conseguiria me comunicar.

Eu estava aflita devido ao fato de as compras terem sido feitas naquela manhã, precisava comprar roupas, sentia muito frio, era congelante, não tinha roupas extras, somente a do corpo, nada de escova de dente, pasta, sabonete, estava menstruada, só tinha uma calcinha e dois pares de meias. O ar-condicionado deveria estar em uns 10 graus, penso que a temperatura tão baixa era proposital, pois as pessoas passariam mais tempo deitadas e com menos tempo de arrumar problemas.

Junto comigo chegaram algumas outras pessoas, que não saíram do cubículo e só choravam. Já tinha decidido que esse não seria o caminho que eu seguiria e, modéstia à parte, sempre fui dura na queda. Mesmo com a única roupa do corpo, resolvi que ia treinar, aproveitei uma das folhas que a mexicana tinha me dado e escrevi uma rotina de segunda a segunda de treino; lá fui eu com as minhas alpargatas e roupa bege fazer exercício no corredor.

Acho que, a princípio, as pessoas pensaram que eu era louca, mas louca ficaria se não ocupasse meu tempo. Devo ter ficado umas duas horas fazendo exercícios no corredor da quarentena, estava suada e suja, tinha decidido que eles podiam aprisionar meu corpo, mas não minha mente e os exercícios, sem dúvida, me faziam sentir livre.

Terminei de me exercitar e uma mulher, que aparentava minha idade, veio falar comigo. Ela se chamava Joana e foi muito simpática, disse que gostaria de fazer exercícios comigo na próxima vez e me ofereceu um chinelo emprestado para eu tomar banho; falou que eu iria precisar, pois o chão era muito nojento.

Era hora do primeiro banho. O banheiro tinha quatro chuveiros, só dois deles funcionavam, e um deles era tão quente, que ninguém se arriscava. Geograficamente, era igual a banheiro de clube ou vestiário de futebol, mas muito sujo, tinha portas e as paredes dentro do local da ducha era revestidas de placa de metal, também havia sanitários e uma pia grande, também de metal.

Ensinaram-me que eu deveria levar a minha cadeira para a ducha e apoiar minhas coisas nela, que seria a melhor maneira para que eu conservasse minha roupa limpa. Peguei a cadeira, coloquei a toalha que tinha recebido, a que tinha era de um marrom forte, parecia mais uma toalha de rosto, e fui!

Vi que tinha um armário dentro do banheiro com sabonetes em barra (miniaturas), absorventes comuns e internos. Peguei um de cada e fui tomar banho, o espaço da ducha era pequeno e revestido de chapas de aço. Minha maior preocupação era não encostar em nada, aquelas chapas de aço estavam cheias de gordura corporal e, graças a Deus, Joana tinha me emprestado um chinelo.

A ducha era forte e gostosa, então tomei um banho um pouco demorado e fiquei ali pensativa com a água quente batendo nas minhas costas, desejando que aquilo fosse um pesadelo. Por mim, ficaria horas ali, mas óbvio que não podia e a última coisa que queria era me indispor com alguém ou parecer folgada, já que todas usavam a mesma ducha. Terminei o banho, me enxuguei e já estava suja novamente, a toalha que me deram tinha um cheiro bem estranho, que depois até acabei acostumando, e soltava fiapo, meu corpo estava coberto daquilo. Coloquei a mesma roupa, lá mesmo dentro da ducha, que é o único lugar para nos trocarmos, alternando entre colocar um pé dentro da calça e se equilibrar para não cair, tudo isso sem encostar em nenhum lugar. Primeiramente porque era nojento demais e, depois, para não me sujar.

No meu quarto, me enrolei nos cobertores e me sentei para escrever para Carlos, escrevi umas três folhas e suavizei bem na situação, pois não queria que ele sofresse mais e se preocupasse. Disse coisas boas, como: que eu havia sido tratada bem; que como as coisas haviam me surpreendido positivamente; que talvez eu tivesse me preparado para tanta coisa ruim, por isso não havia me surpreendido tanto; enfim, eu não queria que ele imaginasse como me sentia por dentro. Terminei e me deitei!

Estou deitada e Kelly, com quem eu já tinha trocado algumas palavras, veio falar comigo. Era americana, alta, bem alta, loira, com olhos azuis e magra. Simpatizei com ela imediatamente e começamos a conversar, ela me perguntou o porquê de eu estar ali, contei sem titubear. Meu plano de ser uma pessoa reservada e não contar nada de mim, já era mais que claro, não funcionaria. Ela atentamente escutou a minha história e quando contei onde tinha sido julgada, disse o nome da minha juíza, nos demos conta de que as duas tinham tido a mesma juíza e, por coincidência, fomos julgadas na mesma cidade onde nunca havíamos pisado antes. Terminei minha história e ela dividiu a dela comigo, ficamos ali num longo bate-papo. Nosso santo bateu de imediato e ali se deu o início de uma grande amizade que, assim como a de Joana, vou levar para a vida.

Aproveitei que ela era muito comunicativa e fiz várias perguntas sobre rotina, telefone, comissária, das pessoas ao redor, e manifestei minha preocupação devido à falta de comunicação e não poder avisar que eu estava bem. Prontamente ela se ofereceu a gastar seus minutos (só quem está preso sabe quão preciosos eles são) ligando para seu irmão, pedindo que ele mandasse uma mensagem para avisar Carlos que eu estava bem.

Agradeci imensamente e ela o fez; infelizmente, os telefones paravam de funcionar às 10 da noite e não conseguimos saber se Carlos tinha recebido ou não o recado.

Agradeci e fui me deitar. Fazendo uma análise das pessoas com as quais eu seria obrigada a conviver por um tempo, que eu tinha conhecido até aquele momento, não era tão assustador.

Ali comigo havia pessoas que eu jamais trombaria pela vida, por estilo de vida e por escolhas. Porém, entre todas as raças, credos e diferenças que tinham ali, havia sido muito bem recebida por todas elas. Dentro das limitações, num lugar onde se tem tão pouco, a grande maioria fez o possível para que eu me sentisse confortável e acolhida, acho que essa era a palavra correta: acolhida.

Uma delas me fez rir me perguntando o que uma mulher tão linda, com cara de tão boa, estava fazendo naquele lugar. Então, outra respondeu a ela que eu deveria ser como aquela assassina do filme com cara de anjo, mas que mata todo mundo. Até hoje não sei que filme é esse, mas elas sabiam.

Algumas meninas jogavam carta e riam alto como se fossem as pessoas mais felizes do mundo. Já eu me sentia suja, sem poder trocar a calcinha, menstruada, não tinha escovado os dentes, pois não me deram escova e sentia muito frio. Ali deitada, era como se eu estivesse anestesiada e fora de órbita, ainda assimilando tudo que eu estava vivendo. Demorei para dormir, acordei a noite inteira com o barulho que os policiais faziam quando estavam nos contando, às vezes com a luz da lanterna que nos focalizava para estarem certos de que tinha uma pessoa ali deitada, e também com dor no corpo: estava dormindo praticamente direto numa chapa de aço e, conforme o corpo ia pesando, acordava com dor, sendo obrigada a mudar de posição.

APRENDENDO

O alto-falante, que ficava em frente à minha cama, ecoava antes das 6 da manhã por todo o complexo. Estavam anunciando o café da manhã e, quem quisesse, tinha de descer e buscar.

Eu levantei e sentia muita dor nos quadris, nos ombros, e o frio continuava feroz.

Desci para pegar o café da manhã e, sim, era exatamente como haviam me dito antes de eu entrar no campo: uma bolsa de papel reciclável com cereal, duas fatias de pão integral, pasta de amendoim e café solúvel. Porém, como era possível comer pasta de amendoim sem nem uma colher, faca ou garfo, e tomar café solúvel sem copo descartável? Entregavam-nos as coisas sem nada disso e tínhamos de contar com a caridade alheia e com o fato de essas pessoas também terem sobrando algum desses objetos ou, simplesmente, ficar sem nos alimentar, um descaso total. Como dizem que quem tem boca vai a Roma, saí perguntando e ganhei um copo descartável e uma colher amarela, dessas bem duras, descartáveis, que guardei com todo o cuidado do mundo, agora aquilo era tudo que eu tinha para poder comer minhas refeições.

Comi meu café da manhã, fui falar bom dia às meninas, recebi a feliz notícia de Ketty de já havia falado com seu irmão, de que Carlos havia recebido a mensagem. Fiquei imensamente grata e feliz, voltei ao meu quarto e subi na parte de cima sem colchão do meu beliche para olhar pela janela e ler. O movimento foi aumentando e eu me perguntava para onde todos iam, o que tinha em cada porta do complexo, como era aquele mundo fora daquelas paredes.

A grande maioria lá fora usava calça verde-musgo, cinto preto, blusa marrom, coturno ou tênis e, outra parte, roupa para praticar esporte, short enorme cinza e/ou moletom cinza com camiseta branca.

Em pouquíssimo tempo ali, já tinha notado que o silêncio seria quase inexistente e que era cada um por si e Deus por todos.

Desde que eu havia chegado ali, não tinha visto quase nenhuma autoridade por perto, exceto os guardas na hora de contagem e um que havia gritado da porta na noite anterior, dizendo que estava recolhendo correio, desci correndo para entregar a carta para Carlos.

Em tão pouco tempo ali, já tinha a sensação de que aquilo era como um buraco esquecido na Terra e de que estávamos a deus-dará, sem ninguém saber ao certo o que fazer. Havia presidiárias transferidas de outros presídios de segurança média que estavam chegando a esse campo pela primeira vez, então, era tudo novo para elas também. A única coisa que todas sabiam era que aquilo era um campo de trabalho e todas as presas trabalhavam, nada mais, e que elas não estariam atrás das grades, mas sim, teriam direito de "ir e vir" dentro do campo, muitas delas não sabiam o que era essa "liberdade" fazia muito tempo.

Logo no meio da manhã, Joana, que fora do campo era membro da igreja, deu início a um grupo de oração, reuniu algumas meninas e me convidou, lemos a Bíblia, trocamos experiências e foi um momento muito agradável.

As horas foram passando e tudo se repetia: almoço terrível antes das 11 horas, ler, conversar, jogar cartas, falar futilidades, cada um contando da sua vida.

Ninguém da administração trouxe roupas, eu continuava sem trocar de calcinha, sem escovar os dentes e depois eu viria a entender que ficaria daquela forma por dias e, infelizmente, não tinha nada que eu pudesse fazer.

A prisão é mais do mesmo todo dia, e isso é algo que fica muito claro logo no primeiro dia, mas algumas coisas tinham me impactado.

O prédio onde eu estava era um prédio velho, que era unidade de treinamento de cachorros, algumas paredes tinham desenhos de ossos e nomes de cachorros, sem manutenção nenhuma, o odor era uma mistura de cheiro de bueiro com bolor. Nas paredes, tinham vários buracos, além de chapas de aço retorcidas despregadas das paredes, pois lá antes era um presídio masculino, e os homens escondiam celulares e drogas dentro das paredes. O complexo foi atingindo por um furação, a unidade foi fechada e os homens presos foram transferidos. Passados quase dois anos depois do desastre natural, a ala feminina de outro presídio foi fechada e as presas foram transferidas desse local. Chegaram de ônibus quase 125 mulheres de uma só vez, elas teriam de tornar aquele lugar "habitável". O local permaneceu fechado por mais de um ano, sem ar-condicionado, o que na Flórida, em razão de ser um lugar tão úmido, é inaceitável, porque enche de bolor, com tetos destruídos, janelas quebradas, portas que não fechavam, saneamento básico colapsando, ali tinha tudo do pior. Elas haviam chegado em março e eu em junho.

Ali não faltava somente roupa, mas também tudo para as necessidades básicas; papel higiênico e saco de lixo eram racionados, depois vim a descobrir que isso era motivo de grandes discórdias.

Em determinado momento do dia, a senhora Cristina, que era a gerente do complexo, apareceu e disse que faríamos compras na loja na quinta-feira. Obviamente que eu preferia que fosse naquele mesmo dia, mas era melhor que nada. Fiquei feliz, afinal de contas, poderia comprar o básico para poder ter o mínimo de asseio e não sentir mais frio.

Eu e Carlos havíamos combinado que ele, me deixando no presídio, iria diretamente fazer meu depósito em um Western Union e, a essa altura, tinha certeza de que ele tinha colocado o dinheiro. Mas ainda não tinha tido chance de conferir, porque isso só seria possível quando nos liberassem para ir aos computadores para colocarmos nossos contatos.

Foi então que a senhora Cristina disse que, em instantes, nos levaria ao computador. Os papéis que eu havia enviado para mim via correio não haviam chegado ainda, mas eu tinha o contato de minha mãe e Carlos na cabeça. Então, ansiosa, esperávamos que nos viessem buscar. Fiquei feliz, mas ao mesmo tempo me questionava por que fazem todo esse terrorismo, dizendo que não poderíamos nos comunicar pelos próximos 14 dias; já estávamos na merda, não tinha necessidade de fazer nos sentir pior do que já estávamos. Será que era um tipo de comportamento sádico? Confesso que nunca entendi por que isso sempre era dito para todas as novas presas e suas famílias. Às vezes, tínhamos a sensação de que depois que os familiares iam embora, eles eram motivo de risadas devido a suas caras de pavor, terror e tristeza no momento da despedida, e que isso era o verdadeiro significado de rir da desgraça alheia.

Era a primeira vez que iria andar naquele lugar depois da chegada, foi então que entendi por que parecia não ter ninguém quando cheguei. Como estávamos em quarentena, todas as vezes que nos movimentávamos, todas as presas tinham de voltar aos seus dormitórios, fechavam todo o complexo para que passássemos, isso explicava a sensação que eu tive de as pessoas terem sido tragadas pela terra.

Junto a outras duas mulheres que tinham chegado no mesmo dia que eu, seguimos a senhora Cristina rumo à sala de computadores, pude avistar o refeitório, a biblioteca e entramos na sala. Lá havia oito estações com computadores velhos, teclados apagados sem letras, número e monitores muito antigos. Tínhamos de colocar nosso número de registro, PAC, impressão digital e só aí tínhamos acesso ao sistema. A senhora Cristina nos explicou como deveríamos fazer: eu coloquei os únicos dois contatos que sabia de cabeça, a senhora Antônia tinha somente um contato para colocar e a outra menina tinha sido mais esperta que eu e a minha advogada Helena; ela havia escutado que talvez permitissem que pudesse entrar com uma Bíblia, ela trouxe uma e marcou todos os contatos de que precisava no livro.

Aproveitei também para perguntar como eu poderia consultar o crédito para verificar que o dinheiro estava na conta, ela me ensinou e pude verificar que já estava lá; estava muito ansiosa para comprar.

Os contatos que colocamos na lista deveriam ser aprovados nas próximas horas e eu estava aflita para chamar Carlos e minha mãe, precisava escutar a voz deles, tinha certeza de que aquilo me faria bem.

Voltamos para a nossa unidade e, a cada 30 minutos, verificava se o telefone já estava funcionando, até que por fim a conta estava liberada e eu poderia chamá-los.

Antes de fazer a primeira chamada, tive de gravar o meu nome. As meninas me avisaram que as chamadas eram feitas por reconhecimento de voz, então tinha de gravar de uma forma que eu pudesse repetir perfeitamente, senão a ligação não completava. Após várias tentativas, meu nome deu certo e começou a chamar, quando Carlos atendeu, meu coração veio parar na boca, parecia uma menina apaixonada na ânsia de escutar a voz do amado. Até que ele atendesse levou um tempo, porque primeiro fala que a ligação está sendo feita de um presídio federal; que se ele não quisesse atender era só recusar; e que também tinha opção de bloquear chamadas daquele número, mas que se quisesse atender tinha de pressionar o número cinco, além disso, a ligação era gravada.

Minha ansiedade era tanta que essa mensagem parecia durar longos minutos, até que escutei a voz dele e conversamos. Foi ótimo, ele estava muito carinhoso e sentia que estava muito feliz de falar comigo. O limite de tempo das ligações era de, no máximo, 15 minutos; após terminada a chamada, eu só podia fazer outra ligação 15 minutos depois.

Então, pedi para que ele avisasse a minha mãe que eu iria chamá-la logo em seguida. Antes mesmo de entrar na prisão, já havia explicado a ela que quando o telefone tocasse, iria escutar uma mensagem falando que era de um presídio federal, mas que não se preocupasse, pois eu não estava presa; devido a ser uma escola federal, o sistema era o mesmo da prisão, mas eu não estava detida.

Os 15 minutos que eram necessários esperar pareciam não ter fim, até que chegou o aguardado momento de falar com a minha mãe. Estava com medo, mas liguei, ela atendeu, estava feliz, disse que Carlos tinha explicado tudo para ela de como era o local; que eu estava bem; e que ela estava bem e em paz por mim.

A vontade naquele dia era de chamá-los e ficar com eles no telefone por horas, mas só tínhamos 500 minutos por mês e, devido à pandemia, não tínhamos a opção de comprar mais créditos. Então, tive de calcular muito bem como gastar meus minutos e não correr o risco de ficar sem telefone no fim do mês.

Fiquei me sentindo muito bem após falar com eles e, arrisco dizer, que estava feliz.

Agora estava mais familiarizada com as pessoas, a sensação de medo sem ter certeza do que poderia me acontecer já havia diminuído, as pessoas estavam sendo bem simpáticas e solícitas comigo. Sempre tinha alguém disposto a ajudar ou tirar alguma dúvida.

O resto do dia foi como todos os outros: comer aquela comida nojenta, ler, pensar na vida, jogar cartas.

DIA DE COMPRAS

O esperado dia de "ir às compras" havia chegado: mal podia esperar para comprar comidas e roupas. Antes de irmos ao local da compra, nos deram uma grande lista com todos os produtos que vendiam; tínhamos de marcar os produtos que queríamos e uma presidiária passaria para retirar as listas para que tudo fosse parcialmente preparado, a fim de que o processo de compras fosse o menos demorado possível.

Na minha lista tinha sabonete, xampu, condicionador, escova de dente (mal podia acreditar que escovaria os dentes), creme para o corpo, macarrão instantâneo, atum, bolacha, chocolate em pó, café, talheres de plástico sem faca, potes de plástico, maionese, copo, bloco de anotações, caneta, selo de carta, mostarda, uma roupa térmica, calça de moletom, blusa de moletom e calcinhas (ainda usava a do primeiro dia).

A única coisa muito necessária de que eu precisava, mas não daria para comprar, era um tênis. Não era possível porque era muito caro e ultrapassava o meu limite, eu teria de esperar até a próxima semana para comprar, seria mais uma semana de treino usando alpargatas. O valor do tênis lá era mais caro que na loja, um tênis básico que custaria no máximo 40 dólares em qualquer lugar, lá custava 70.

Na lista, ofereciam luz para ler, imitação de espelho, perfumes à base de óleo com cheiro de marcas famosas, rádio, MP3; o rádio custava em torno de 30 dólares, mas o MP3 era absurdo, custava quase 100 e uma música era vendida de 1,25 a 2,00 dólares.

A *commissary* movimenta ao redor de cinco bilhões de dólares anuais em todos os Estados Unidos e, muitas vezes, itens caros são anunciados em folhas sulfites pregadas nas paredes, dizendo que o preço tem um acréscimo de 30% de margem de lucro.

A hora mais esperada até aquele momento chegou e foram nos buscar, fecharam todo o complexo para que fossemos às compras, lá fomos nós. Chegamos ao que seria a loja, era uma janela com um vidro, comunicávamo-nos por ali. Do lado de dentro parecia uma mercearia de bairro, um agente nos atendia; na loja, trabalhavam duas presidiárias e depois eu saberia que aquele era um dos trabalhos mais cobiçados do campo, pois quem trabalhava lá tinha privilégios e acesso a coisas primeiramente e, às vezes, faltavam produtos. Elas também não trabalhavam todos os dias; trabalhavam poucas horas por semana.

Nada do que vendia ali era saudável ou fresco, tudo era enlatado; havia doces, pães, macarrão e arroz instantâneos, e embutidos.

Antes mesmo de entrar na prisão, eu tinha lido que devido ao fato de a comida ser tão precária, sem qualidade e com muito sódio, quando uma pessoa fica presa por um ano, mudanças ocorrem no sistema dela causando doenças irreversíveis. Infelizmente, é verdade; umas das coisas que é bem assustadora e visível, a grande maioria das mulheres tem as pernas inchadas, como se tivessem elefantíase.

No campo não tínhamos acesso a micro-ondas, haviam sido proibidos. O bochicho que rolava era de que uma presa ferveu óleo e jogou em outra, não sei se é verdade, mas isso era o que escutávamos. Todos os prédios tinham uma máquina de água fervendo, e era incrível tudo que se podia fazer com água quente.

A compra foi relativamente rápida, ele ia passando as coisas por um buraco na parede, eu enfiava tudo em um saco de rede, acho que foi a compra mais feliz da minha vida. Assim que todas terminaram, voltamos para o nosso prédio e arrumei minhas compras no armário. Era impressionante como tudo que eu tinha, entre roupa, comida, produtos de higiene, cabia em duas portas de um armário; ali eu já me dava conta do quão pouco necessitamos para viver.

Tomei banho, coloquei uma roupa limpa e, sem dúvida, esse era o momento de maior felicidade desde que havia chegado. Estava tão agradecida por aquelas roupas, coisas que nunca prestava atenção no dia a dia, porque já reconhecia como normais e não como privilégios; porém, hoje vejo que até o cheiro de uma roupa limpa é privilégio. Agora eu faria a minha primeira comida: peguei um pote que comprei, coloquei água quente, quebrei o macarrão instantâneo e esperei amolecer, demorou uns cinco minutos para que isso acontecesse. Então, coloquei tempero em pó, um pouco de maionese, peguei um pacote de atum, escorri a água do atum no banheiro e a refeição estava pronta. Aquilo parecia um manjar dos deuses e, de sobremesa, comi um chocolate. Deliciei-me com tudo e havia chegado o momento de lavar a minha vasilha, não tínhamos pia nem um lugar próprio para lavar nossas coisas, isso tinha de ser feito na pia do banheiro onde todas nós escovamos dentes, algumas faziam grande "porquisses", era nojento. Só de lembrar meu estômago fica revirado, mas na hora não tinha outra opção. A bucha que usávamos para lavar era um absorvente interno, que quando molhado expandia e fazia a função de lavar muito bem; para secar, abríamos um absorvente e usávamos como toalha. Acredite ou não, absorvente seca uma louça e limpa um espelho como ninguém.

Já fazia dias que eu não dormia bem e vi que algumas meninas tinham tampão de ouvido que, infelizmente, não tinha para vender na loja. Naquele mesmo dia, eu ganhei um e sem dúvida dormiria melhor. Estava começando a virar "gente" ali. Agora tinha roupas, comida e poderia dormir melhor.

A prisão é um lugar extremamente caro para estar e sem infraestrutura nenhuma. Era uma pessoa privilegiada, pois tinha dinheiro na minha conta e não me faltaria nada, pois meu dinheiro, bem como o limite para gastá-lo, me deixaria comprar. Mas com o dia a dia, percebi que havia pessoas que não tinham nada, não recebem dinheiro de casa e dependem da solidariedade dos demais. É estranho dizer, mas em um lugar que todo mundo tem tão pouco, foi onde eu mais aprendi sobre solidariedade.

Eu me perguntava o tempo todo como seria para uma pessoa com necessidades especiais estar naquele lugar, a meu ver, era quase impossível.

Acredite se puder, eu recebi uniformes, camisetas e calcinhas somente duas semanas depois que havia chegado, um descaso total, o retrato fiel do ditado: cada um por si e Deus por todos.

Na noite anterior ao dia das compras, me meti numa superconfusão, mas que acabou ficando tudo bem... Estava entendendo como tudo funcionava e nos avisaram que era dia de lavanderia, as roupas eram lavadas duas vezes por semana, um dia eram os uniformes, em outro, roupas cinza e de esporte, e uma vez a cada 15 dias, poderíamos lavar a roupa de cama.

Cada pessoa que chegava recebia na bolsa que eles nos davam lençóis e toalhas, além de dois cintos, nos quais tínhamos de escrever nosso registro e nome neles. Então, abríamos o cinto, passávamos as roupas por ele para não perdê-las, fechávamos e assim mandávamos nossas roupas lavar.

Avisaram-nos de que naquele dia teríamos lavanderia e de que teríamos de colocar nossas roupas em um recipiente grande, pois levariam para lavar e, no fim do dia, devolveriam; eu não mandei porque não tinha troca. Algumas pessoas mandaram as coisas e no fim do dia voltaram as roupas, como eu comentei anteriormente, as pessoas que estavam no piso de baixo estavam saindo do presídio e a todo tempo havia meninas indo embora, o recipiente voltou cheio de roupa e eu entendi que as roupas que sobrassem eram para doação. Então eu, feliz da vida, desci ver o que tinha e encontrei uma calça de moletom e duas blusas, peguei feliz, subi e coloquei, mais tarde eu estava caminhando e uma menina me falou: *"ei, você está com a minha roupa"*. Levei um susto, fiquei branca, a última coisa que queria que acontecesse era que a mulher pensasse que eu tivesse roubado suas roupas; na verdade, estava sem entender nada, mas expliquei o que tinha entendido e que havia compreendido errado. A princípio, ela ficou um pouco desconfiada, mas depois entendeu e ficou tudo bem. Porém, a situação foi bem chata e ela sabia que era dela porque tinha um rasgo enorme na bunda, pedi mil desculpas e fui tirar a roupa para devolvê-la, depois ficamos colegas.

Bom, voltando do pós-compra, eu estava limpa, bem alimentada e escuto que estavam anunciando meu nome: chegaram minhas cartas, fotos, livros e revistas, que euforia, meu Deus!

Logo de cara, pude perceber que o momento de entrega de cartas era um grande acontecimento, e todas esperavam ansiosas para ver quem tinha recebido algo e teria contato com o mundo externo. Meu nome foi repetido várias vezes e parece besteira, mas para a população de lá, ver você recebendo tantas cartas era sinônimo de que era amada lá fora. Receber revistas, estava claro, a deixava em evidência, e pessoas que não a cumprimentavam perguntavam se poderiam ler depois que acabasse a leitura.

Eu tinha tido um bom dia: agora tinha cartas, livros que eu escolhi e fotos para mostrar para as poucas pessoas, das quais eu estava próxima, quem eram as pessoas importantes que eu amava.

DIA APÓS DIA

Os dias eram bem rotineiros e às vezes acordava com alguém chorando; a alegria é contagiante, mas a tristeza naquele lugar era em proporções gigantescas.

Tínhamos grupos de oração, a cada dia eu me aproximava mais de Deus, também me aproximei bastante de algumas mulheres, rapidamente criamos vínculos e trocávamos confidências.

Eu havia conseguido o formulário que tanto queria, já havia preenchido e devolvido para a coordenação, tinha muita esperança de que aquilo me tiraria daquele local o mais rápido possível e voltaria para a minha vida; falava diariamente com Carlos e minha mãe. Às vezes, batia uma tristeza profunda, mas eu seguia firme em meu propósito de não desperdiçar tempo e aproveitar o máximo que pudesse. Estava em uma situação terrível, passando pelo pior momento da minha vida, mas pensava que aquilo era o caminho do fim e foi então que me dei conta de que, desde muito cedo, mais precisamente desde meus 14 anos de idade, eu nunca tinha parado de trabalhar; nunca tinha tido tanto tempo para me conectar comigo mesma, ponderar, analisar tudo que havia vivido até ali, e tudo e todos que estavam ao meu redor. Aquele era um momento meu comigo mesma que jamais tinha tido oportunidade de viver.

Eu tinha sido muito forte até chegar ali, entre tribunal, advogados, desgaste emocional, aquilo era a reta final e uma fase muito importante, era a hora de renascer das cinzas... As distrações externas tinham sido retiradas, celular, televisão, amigos, obrigações de casa, bichos, marido... O momento era de olhar para dentro e me redescobrir, me recriar, renascer... Ler a Bíblia, me aproximar de Deus, meditar na leitura, era hora de parar de fazer e começar a sentir. Tinha de dar valor àquele momento, era um instante de cura, de renascimento e de reencontro. A prioridade era reorganizar minhas ideias, pedia todos os dias a Deus que me desse discernimento e que afastasse tudo que não era para estar na minha vida. Decidi escrever, a escrita poderia me dar uma direção do que fazer quando saísse de lá, tinha de valorizar aquele momento, e olhar com olhos de amor para tudo que eu estava vivendo e aprendendo.

Passei a analisar melhor meus sonhos, estava determinada a melhorar e crescer internamente. Eu não podia entrar ali e sair igual, se assim ocorresse, seria como se tudo fosse em vão.

Eu me lembro de uma noite em que eu pedia por sinais e clareza. Tive um sonho com Carlos, no qual brigávamos e eu saía sem celular. De repente, estava pilotando um barco em uma rua estreita que chegava a um precipício cheio de pedras, e o barco ficava como uma gangorra; em seguida, pegou força e saí velejando no mar. O sonho tinha a angústia da minha vida e o mar representava a calmaria depois da tempestade. Nesse sonho, eu me separava de Carlos e encontrava um homem com quem queria casar, ter filhos, era calmo, sensível, compactuávamos os mesmos objetivos e desejos... Acordei e não conseguia pensar em outra coisa que não fosse o sonho, me perguntava sobre o amor, Carlos era um excelente homem, bom filho, companheiro, estava fazendo bastante por mim, mas eu não me sentia feliz e me perguntava: era devido à situação, ou era tudo? Às vezes, sentia que o nosso relacionamento era raso demais e nunca se aprofundaria, porque para isso acontecer teria de existir o desejo de se mostrar a fundo e eu não sentia isso por parte de Carlos, não porque não quisesse, mas parecia que havia algumas barreiras no seu eu que eram mais fortes que ele, e a relação que Carlos sempre teve com a liberdade nunca o deixou se libertar para a felicidade.

Após esse sonho, decidi que mandaria pelo menos uma carta por semana relembrando bons momentos e salientando qualidades que eu via nele, na tentativa de reascender a chama, para nos ajudar a lembrar das coisas que nos fizeram sentir amados. Eu estava decidida a fazer a minha parte, minha volta deveria ser feliz e não deveria haver espaço para brigas, mais do que nunca, precisaria de paz e amor quando voltasse para a casa.

Meu primeiro fim de semana havia chegado, e como todo o administrativo não trabalhava e o guarda que ficava lá não se importava se ficássemos fora do prédio, "tomando sol", contanto que usássemos máscara todo o tempo, então, foi o que fizemos. Fazia dias que eu não respirava outro ar que não fosse o ar fétido de dentro do prédio, e só observava o dia pela janela. Foi bom poder estar fora, jogamos cartas e, por incrível que pareça, demos muitas risadas.

Como diria Charlie Chaplin: "A vida é uma tragédia quando vista de perto, mas uma comédia quando vista de longe".

Ficamos praticamente o dia todo jogando cartas, um jogo que se chamava Spades, divertidíssimo e dinâmico, bem conhecido no mundo dos presos. Ali, enquanto jogava, prestava atenção nas histórias das meninas, algumas divertidas, outras assustadoras e surreais.

Fim de semana eram dias muito esperados, porque serviam ovo pela manhã: sábado era ovo mexido, que depois me contaram que era um pó que jogavam na água que virara ovo mexido; e no domingo davam dois ovos cozidos — perto de tudo que nos serviam, aquilo era o melhor que recebíamos.

No fim de semana, passavam dois filmes que repetiam o dia todo. Honestamente, eu não fui mais de três vezes à sala de televisão, era meio assustador, as pessoas falavam muito alto e eu não conseguia ter conexão com as pessoas que lá estavam, então, preferia evitar e nunca ir. No meio de semana, a sala de televisão era aberta, mas a situação era a mesma, e não me pergunte por que as meninas na prisão só querem assistir a canais de crimes e violência.

Estava bem entrosada com algumas meninas que se aproximavam mais do meu estilo; formávamos um grupo de seis, mais ou menos. Ao lado do meu quarto, também tinha uma senhora com seus 70 anos, negra, estava bem fora do peso e passava o dia todo deitada. Tinha acabado de passar por uma cirurgia no coração, havia recebido pena de cinco meses e tinha a mesma fé que eu, de que em 45 dias estaria fora dali. Era cruel demais ver uma pessoa tão debilitada como ela ali naquelas condições. Se ela pegasse coronavírus, certamente morreria; passava dias sem tomar banho, porque era muito difícil para ela se locomover, ali onde ficava ardia o nariz de tanto cheiro de xixi, porque ela fazia na cama e não conseguia descer para pegar a comida, conseguimos que os guardas nos deixassem levar comida para ela. A mulher dizia que era muito pobre e o aluguel da casa onde morava fora da prisão estava sendo pago pela igreja que ela frequentava. O motivo de ela estar lá foi porque sua mãe, que faleceu, recebia seguro social, mas por ela ser inválida, o dinheiro era depositado na conta da filha. A mãe veio a óbito e essa senhora continuou recebendo e não reportou ao governo, mas o governo também continuava pagando para alguém que já não existia. Obviamente, não era correto o que ela fazia, mas realmente era necessário colocar uma senhora no estado em se encontrava ali?

Cada pessoa naquele local tinha suas dores, mas confesso que muitas histórias ali me tiraram do papel de vítima e me fizeram ter vergonha de reclamar.

Estava ainda descobrindo as coisas lá dentro e meu mundo era o da pandemia, sem muito direito de ir e vir, com uma limitação geográfica bem reduzida. Eu estava ansiosa para poder ir para a ala do grande público, mas também isso me assustava demais, porque seria tudo novo de novo, pessoas novas, provavelmente eu teria de dividir o quarto sei lá com quem e teria de trabalhar. A essa altura do campeonato, já tinham me informado de que todas as meninas novas trabalhavam na cozinha e eu não queria trabalhar lá. Primeiro, por ter muitas mulheres juntas e, depois, por ter escutado que era muito nojento. Mas estando fora, poderia ir à academia, que ainda não sabia como era, porque não conseguia ver de onde eu estava; também teria acesso à biblioteca, à quadra de basquete, ao *pickleball*, ao *trekking* de corrida, contudo, o que mais me chamava atenção eram as visitas por videoconferência. Devido à pandemia, as visitas ficaram proibidas por um longo tempo. Tinham nos informado de que recentemente havia voltado ser permitido receber visitas, mas com restrições, como distância social, também não podia abraçar ou beijar, restrições essas que já existiam desde o começo da pandemia. O processo de aprovação era longo e demorado, pois éramos 150 mulheres, e o presídio só estava recebendo seis famílias pela manhã e seis pela tarde, nos fins de semana somente. Por esse motivo, não cogitei que Carlos fosse me ver, porque seria muito trabalho, e dali a um tempo eu estaria de volta em casa. As visitas tinham duração de três horas, eu imagino que deviam passar num piscar de olhos.

Devido às restrições da covid-19, o departamento prisional tinha liberado três chamadas de vídeo gratuitas por semana para cada presidiário, sem direito de compra. Então, usávamos e remarcávamos, mas só nos deixavam marcar após três dias do uso. Se fosse algo bem organizado, conseguíamos todas para a mesma semana. As chamadas duravam 25 minutos e só poderiam ser utilizadas quando saíssemos da quarentena, eu não via a hora de que isso acontecesse.

DIÁRIO DE UMA PRESIDIÁRIA

Os dias foram passando, a coordenadora me trouxe o formulário e disse que eu teria de refazê-lo, porque não podia ter assinado e ela não sabia. Por causa disso, já tinha perdido um supertempo, mas tudo tem uma razão de ser, então eu teria de ter paciência, que era o que mais praticava ali.

O dia para que eu saísse da quarentena se aproximava; eu esperava que eles viessem para fazer o teste de covid-19 em mim para me liberar para o grande público logo, logo.

Eu vinha dividindo meu tempo entre estudar a Bíblia, ler livros, cartas, treinos e escutar as histórias de quem quer que sentisse à vontade para dividir suas experiências comigo.

Obviamente, isso dava o direito de as pessoas perguntarem sobre mim e quando eu contava que tinha sido julgada por contraversão, ninguém acreditava, sempre me falavam que eu estava mentindo, que não existia contraventor numa prisão federal. Pois bem, uma pessoa sabia que na biblioteca tinha um computador, assim poderia investigar sobre outros presidiários; quando constataram que o que eu dizia era verdade, foi um bochicho só, pois era a única nessa situação entre mais de 150 mulheres.

Não tinha ideia de como funcionava a justiça no país. A grande maioria das pessoas que estava ali tinha sido acusada de conspiração, que é quando duas ou mais pessoas concordam em cometer um crime e/ou a ação tomada não precisa ser um crime, mas deve indicar que os envolvidos na conspiração sabiam do plano e pretendiam violar a lei. Após escutar muitas histórias, ouvi coisas terríveis e narrativas muito tristes.

Quando eu escutava aquelas histórias me sentia praticando solidariedade, empatia, respeito ao próximo e camaradagem.

Ali onde estávamos era um campo federal feminino; do outro lado, tinha uma prisão de segurança média masculina e uma prisão que sabíamos que existia, mas que estava dentro da mata. Lá era a "casa" de pessoas importantes e testemunhas em programa de proteção, os presos que chegavam nesse local sempre tinham sua identidade em sigilo e quando transportavam alguém, as presidiárias que trabalhavam lá diziam que retiravam todos do ambiente. Do lado, havia um aeroporto e o tráfego de aviões de pequeno porte era grande por ali; às vezes os sinais de nossos telefones eram cortados por um ou dois dias, diziam que era porque estavam recebendo novas figuras importantes no presídio de proteção à testemunha. Até onde entendia, tratava-se de nomes ligado ao governo e de grandes cartéis de droga.

Tínhamos helicópteros sobrevoando a nossa cabeça todo o tempo!

Eu, graças a Deus, nunca fui algemada, mas a grande maioria que estava ali tinha passado por presídios municipais, os quais diziam que eram o inferno na Terra; o campo nem parecia prisão comparado com esses presídios. Eu não consigo nem imaginar o que poderia ser isso para dizerem que um lugar com tudo tão precário não era ruim.

Uma das primeiras histórias que eu escutei foi a da mexicana que havia me dado as boas-vindas no primeiro dia. Ela era recém-chegada do México e seu filho pequeno havia ficado lá, estava com dificuldades de enviar dinheiro para sua família e envolvida com más companhias se rendeu ao crime. Tinha por volta dos 24 a 26 anos, voz mansa e parecia não fazer mal para uma mosca, o caminho que ela escolheu mudaria sua vida para sempre e a levaria a uma pena de 11 anos. Tinha família nos Estados Unidos, mas que não quis se responsabilizar por ela; não tinha ninguém que a ajudasse, não recebia dinheiro de casa e, claro, os falsos amigos desapareceram. O trabalho oferecido a ela era para transporte de armas e drogas; com uma semana de insistência de um suposto amigo, acabou aceitando e no primeiro transporte foi capturada. Quando presa, nos autos do processo, descobriu-se que ele estava sendo acusado de conspiração, ele havia dito que ela já fazia o transporte e que estava envolvida há tempos nisso. Ele já estava cooperando com a polícia e conseguiu seduzi-la para amenizar sua pena. Pelo que entendi, presas fáceis, com pouca estrutura familiar, são atraídas para o crime o tempo inteiro e, muitas vezes, fazem uma só vez e já são capturadas, porque a intenção do suposto amigo é cooperar com o governo e amenizar sua pena. Foi muito triste ver o olhar daquela menina, continha tanta dor. Ela disse que não tinha se perdoado e se perguntava o tempo todo por que havia feito aquilo com sua vida; talvez um dia ela conseguisse respostas, mas que teria de lidar com a capacidade de perdoar. Tinha acabado com a vida dela, pois quando sair da prisão, o filho já estará grande.

As pessoas que estavam no campo era por crimes não perigosos (colarinho branco) e ou presas com longas sentenças faltando menos de

10 anos para cumprir. Supostamente é um local que prepara as pessoas para voltar à sociedade. Segundo o que me contaram, antes predominava colarinho branco, mas agora o que prevalecia era o tráfico de drogas.

A menina "rapidinha", que podemos chamar de Atlanta, branca, baixinha, de olhos azuis e que também tinha me ajudado, mostrava em seu olhar tantas coisas, curiosidades, tristezas, abandono, inquietação, frustações, dores e praticamente nada de alegria da vida de antes. Arrisco dizer que ela tinha encontrado alegria naquele lugar. A história dela é triste: criada em uma periferia dos Estados Unidos, em Atlanta, sempre esteve rodeada de gangues, às vezes dormia em prédios abandonados e passava o tempo todo injetando heroína. Disse que, nesses prédios abandonados, havia até mulheres grávidas se prostituindo, as pessoas dormindo no chão, foi então que passou a vender drogas e falou que ganhava muito dinheiro. Essa menina, que agora tinha 26 anos, tinha pegado 12 anos e meio de cadeia. Nasceu no lugar errado, se relacionando com pessoas erradas, o pai era vendedor de drogas também, tinha um filho de sete anos, irmão preso: tudo que essa menina conhecia estava à beira da marginalidade. Contou-me que tinha três irmãos, e a única que tinha conseguido quebrar o ciclo era a irmã que havia se formado em Enfermagem. Na sua narrativa, ela me contou que a ex-esposa do irmão foi pega transportando drogas dentro do seu bebê, ela colocava a droga no ânus e levava de um estado a outro, ela foi condenada à prisão perpétua e a criança foi para a adoção. Imagine você crescer e conviver com pessoas ao redor que são capazes de fazer uma coisa assim, esses eram os exemplos que essa pobre menina tinha. Existe muita maldade neste mundo, uma realidade que não nos pertence e eu, honestamente, nunca achei que chegaria tão perto dela.

Ela dizia aos seus familiares que não chegaria aos 30, a cadeia foi uma salvação para ela, devido à sua boa conduta a data de saída dela será exatamente no dia em que completar 34 anos. Espero que consiga se manter firme e não volte para a vida do crime, mas infelizmente, no caso dela, acho difícil. Mesmo depois de tanto tempo presa, todas as pessoas com quem ela se relaciona continuam no crime, e será para esse ambiente que ela voltará.

Ela veio transferida de um presídio municipal e lá trabalhava em um projeto que normalmente é o que melhor paga dentro do presídio. Chegava a ganhar 600 dólares por mês, o projeto era chamado de Unicorn e acontece em todos os presídios do país, de onde ela vinha era um *call center* de distribuição de revistas. Já no campo, o projeto era um centro de reciclagem que pagava muito menos: o máximo que ela conseguia ganhar por mês ali seria, mais ou menos, uns 150 dólares por mês. Todas essas informações eram supernovas para mim e, conforme ela ia me contando, ouvia atentamente, tinha muita curiosidade e sei que ainda havia uma infinidade de coisas para aprender, conhecer, descobrir e entender como funcionava.

Um dia, jogando cartas e questionando sobre a academia, perguntei se ela sabia se havia elásticos de exercícios, me respondeu que achava que não, porque com aquilo ela poderia matar alguém enforcado em minutos. Se ela pensava assim, mais pessoas poderiam pensar. Havia mais meninas ali, olhamos umas para as outras sem saber o que dizer. Era um comentário assustador, e nunca podíamos esperar que viesse de uma pessoa aparentemente tão doce e meiga um comentário assim. Imagine você que todas as vezes em que ela andou de avião na vida foi sendo transferida de um presídio ao outro. Que vida miserável, meu Deus!

Por um período curto, ela treinou comigo e eu conversava muito com ela; sempre tentava incentivá-la, ela parecia ter talento para vendas, e se pudesse fazer qualquer coisa que despertasse algum sentimento bom nela, eu faria. Ela ficou bem conectada comigo e com as minhas amigas.

Por mais que alguns comentários fossem superpesados, meu medo estava sendo disseminado e já sentia que eu respeitando seria respeitada lá dentro. Ali eu não era pior ou melhor; eu era igual a elas e elas iguais a mim.

NOVAS COMPANHEIRAS DE QUARENTENA

Os dias estavam passando, algumas pessoas saíam da quarentena e voltavam para casa, outras passaram para o outro lado, e depois de vários dias sem chegar ninguém novo, eis que chegou uma loira, magra, lésbica, atlética, de olhos azuis, a qual podemos chamá-la de Blonde. Fui recepcioná-la, fiz o mesmo que fizeram comigo quando cheguei: lhe dei as boas-vindas, ajudei com o colchão, mostrei tudo que era importante. Ela parecia estar fora de órbita, drogada, era muito estranha. Obviamente que drogada não poderia estar, mesmo porque fazem teste de drogas quando entramos. Eu a ajudei no que pude; ela colocou as coisas em seu quarto e foi tomar banho, sem chinelo e sem nem se incomodar com isso. Essa mulher passava o dia e a noite tomando um banho atrás do outro, inclusive de madrugada, depois nos tornamos boas amigas, fiquei sabendo que ela se encontrava daquela forma porque estava em abstinência das drogas. Eu nunca tinha visto nada parecido com aquilo, ou ela estava tomando banho, ou deitada, chorando ou pedindo remédio para dores o tempo todo.

Na mesma tarde, alguém do nosso piso que estava sentada na cama de cima do beliche olhando pela janela grande, que permitia avistar todo o campo, grita avisando que tinha mais uma pessoa se entregando. Automaticamente, todos se penduraram em suas camas para olhar pelas suas janelas quem estava prestes ser a nova integrante daquele buraco na Terra.

Vejo uma garota que estava com várias pessoas, que ficaram embaixo de uma árvore. Até que a mesma senhora que tinha ido me buscar no carro no dia em que cheguei aparece e a leva; a garota se despede de seus familiares. Mesmo de longe, pude perceber que eram seus filhos e todas nós nos compadecemos com aquela cena triste, mal sabia eu que ela me contaria umas das histórias mais loucas que escutei ali.

Ela foi encaminhada para a triagem e quando foi levada para o nosso prédio para a quarentena, tinha mais uma presa com ela que nos passou despercebida, não vimos quando ela chegou. A que tínhamos visto com a família era Jes, uma pessoa de estatura mediana, uma pouco acima do peso, com a voz calma e parecia assustada. Ela levava uma bomba de insulina e com ela caminhava Lis, uma loira bonita, olhos azuis, magra, que não era tão nova, mas dava para ver que se cuidava bastante, tinha lábios feitos, silicone, lipoaspiração e era bonita. Levei-as até os cubículos delas; o que me chamou muito atenção é que elas pareciam ser bem íntimas.

Passados uns dois dias, descobrimos que as três eram da mesma empresa, mas somente duas delas se conheciam e, supostamente, eu tinha escutado que essa situação não era muito normal de acontecer, que pessoas do mesmo caso nunca ficavam juntas. Elas trabalhavam em uma empresa farmacêutica que estava vendendo prescrições médicas, e todas tinham sido condenadas por conspiração, entre outras coisas; foi uma das histórias mais loucas que escutei.

Lis — três filhos, fez acordo com o governo e sua pena era de 13 meses — restituição de 800.000 dólares.

Blonde — fez acordo com o governo e sua pena era de 11 meses — restituição de 1.200.000 dólares.

Jes — dois filhos, foi para julgamento e recebeu 11 anos e 9 meses — restituição de 39 milhões de dólares.

Lis era casada, funcionária e amante do dono da empresa farmacêutica, que também era casado. Ele a tratava como uma princesa, ela não fazia ideia do que acontecia, mas sabia que algo não estava bem, fazia vista grossa, beneficiando-se dos luxos, das joias e de coisas que ganhava do "chefe". Eles estavam sendo investigados havia sete anos, ela contribuiu com o FBI, se declarou culpada. Recebeu pena de 13 meses, mas acabaria cumprindo um total de cinco meses devido ao Cares Act.

Quando Blonde nos contou sua história, confesso que nos rendeu boas risadas, ela tinha uma veia cômica incrível e fazia piada da sua própria tragédia. Ficamos boas amigas, mas ela não levava nada a sério, inclusive aquele lugar.

No dia que a prenderam, ela tinha saído de uma cidade para encontrar um médico em outra e pagar a propina pelas receitas, ela estava metida até a cabeça em tudo que estava acontecendo e foi pega entregando 10 mil dólares a um médico. Ela conta que quando parou seu veículo na frente de um hotel, foi cercada por carros disfarçados, tentou fugir de ré, mas a fecharam por todos os lados. Ela foi tirada do carro, jogada no chão, algemada, colocaram-na dentro do carro do oficial e o automóvel dela foi rebocado.

Ela conta que o console do carro dela estava cheio de drogas pesadas, como metanfetamina e heroína, e que a quantidade que ela carregava poderia configurar tráfico. Assim que a puseram no carro, colocaram uns óculos nela que tapavam a visão para que não reconhecesse o caminho para onde estava sendo levada, ela permaneceu algumas horas nesse local e, depois, foi levada para uma prisão municipal, ficou presa por dois dias e liberada.

O carro dela que estava cheio de drogas foi devolvido e, por incrível que pareça, todas as drogas estavam dentro. Ela não sabe dizer o que houve, mas disse acreditar que devido a ter família que está no alto escalão do governo, foi feito vista grossa.

Ela fez acordo com o governo, foi a que recebeu menos tempo de todas as três e acabou cumprindo um pouco mais de quatro meses... Vai entender o que acontece nos bastidores da justiça americana...

Já a história de Jes me dá calafrios... Sua jornada iniciou em 2014, quando um ex-colega de trabalho a abordou sobre um cargo em uma farmácia de manipulação que ele havia fundado recentemente. Eles já haviam trabalhado juntos anteriormente, e Jes, como estava preocupada com as demissões recentes em sua empresa atual, aceitou a proposta de trabalho. Ela começou como o único contato de atendimento ao cliente e logo estava executando uma central de atendimento em tempo integral, além de uma operação de cobrança para lidar com o fluxo de pedidos. A farmácia estava sediada no Alabama, mas o *call center* foi estabelecido em Clearwater, Flórida, onde ela morava. Em razão de estar em outra cidade, ela tinha pouco contato com a equipe da farmácia e não tinha conhecimento do que estava acontecendo na sede do Alabama.

Sem o conhecimento de Jes, o CEO e fundador estava realizando uma fraude massiva em companhias de seguros e agências governamentais com a ajuda de um seleto grupo de representantes de vendas e do alto escalão, escolhido a dedo, que ele havia instalado. Isso incluiu um esquema ilegal de faturamento de drogas de prescrição de 50 milhões de dólares, que ele usou para alimentar seus vícios em pílulas e em jogos de azar.

Apesar de nenhuma testemunha apontar o dedo para Jes, nem um único dólar dos 50 milhões que foram roubados ter sido rastreado até ela, o júri condenou-a em todas as acusações.

Jes havia sido indiciada por 13 acusações de fraude de saúde, três acusações de fraude postal e sete acusações de roubo de identidade agravado. Uma lista impressionante de crimes que, no dia 1º de março de 2020, levaram-na a uma sentença de mais de uma década de prisão.

A primeira pista de que algo estava errado foi quando o FBI invadiu o *call center* em 2016, deixando Jes horrorizada, certa de que o FBI devia estar enganado. Quando ficou claro que as autoridades haviam realmente tropeçado em um crime em andamento, ela entrou em ação. Imediatamente concordou em ajudar o FBI a montar um sistema de cobrança, permitindo-lhe uma visão interna das operações e, finalmente, economizando centenas de horas de investigação. Jes fez isso sem pensar duas vezes — como pessoas inocentes fazem —, viajando para seu escritório de campo no Alabama por dias, tudo às suas próprias custas e sem advogado. Como ela não havia participado de nenhum crime, nem estava a par de qualquer outra pessoa que o fizesse, ingenuamente acreditava que a coisa certa a fazer era ajudar o FBI em seu caso. Ela sentiu que esse era seu dever patriótico como cidadã americana, como muitos fariam, não entendendo que as rodas da justiça muitas vezes podem girar na direção oposta.

Depois de passar três anos ajudando o FBI, inclusive entregando voluntariamente seu celular pessoal para ser copiado, permitindo que as autoridades tivessem acesso a todas as conversas (exatamente como eu havia feito no dia em que entraram no meu escritório), ela mesma foi a 25ª pessoa indiciada nesse caso. Embora chocada, ela ainda acreditava que a justiça prevaleceria e o sistema funcionaria como pretendido. Quando o promotor a ameaçou com anos de prisão como incentivo para assinar um acordo de confissão, ela recusou. Cristã fervorosa, acreditava que era pecado dar declarações falsas em um tribunal e não mentiria para um juiz federal — mesmo que isso significasse gastar suas economias lutando por sua inocência.

Embora vários advogados tenham compartilhado a opinião de que o governo não tinha nenhum caso para falar contra ela, todos eles alertaram: *"mas o governo raramente perde"*. Como eu agradeço por não ter ido a júri, sabe-se lá o que poderia ter acontecido comigo.

Mesmo assim, ela resolveu que faria o que achava certo e que sua inocência a salvaria.

Durante seu julgamento de uma semana, testemunha após testemunha depôs e testemunhou dizendo que ela não fazia parte da empresa criminosa, não tinha conhecimento de tudo que estava acontecendo. Quando o principal farmacêutico e mentor da conspiração testemunhou, ele afirmou claramente que nunca tinha dito a ela o que estava orquestrando; sem treinamento específico em farmácia, Jes não teria ideia de que o que ele estava fazendo no dia a dia era ilegal. Ela estava simplesmente fazendo seu trabalho — confiando que seus superiores estavam fazendo o deles.

Apesar de nenhuma testemunha apontar o dedo para ela, nem um único dólar do que foi roubado ser rastreado até Jes, o júri condenou-a em todas as acusações com a evidente intenção de fazer isso.

Quando o dia da sentença chegou, ela ainda mantinha firmemente sua fé de que o juiz veria que havia sido injustiçada e refletiria essa crença em seu decreto. Em vez disso, ele a condenou a 11 anos na prisão federal por um crime que ela não cometeu.

Atordoadas, ela e sua família ficaram sem palavras. Os cabeças da fraude receberam apenas 14 anos e oito anos, respectivamente, com aqueles que testemunharam cumprindo penas variando de 11 a 24 meses, exemplos que conheci como Lis e Blonde.

Ela se entregou no campo e entrou com um recurso, uma decisão que provavelmente levará de 18 meses a dois anos para sair.

Se alguém tivesse me contado eu não acreditaria, mas ouvi delas mesmas que hoje são amigas.

Infelizmente, os infortúnios na vida dessa mulher só estavam começando.

Hoje, seus familiares movem grande número de pessoas e entidades por todo o país, que pedem justiça por ela.

A HORA DE CONHECER O OUTRO LADO SE APROXIMAVA

Eu tinha quatro amigas na quarentena e duas delas, que eram as mais próximas, estavam se mudando para o prédio principal, estava triste por ficar sem elas. Mas eu já mudaria para lá em dois dias. Elas, assim como eu, estavam passando por isso pela primeira vez, tudo era novidade, então trariam informações sobre o lado de lá logo mais, eu estava superansiosa.

Elas fizeram suas mudanças para o outro lado e depois da contagem das 4 horas da tarde, já não poderiam retornar para o prédio da quarentena. Não sei se você se lembra, mas eram quatro prédios e entre eles existiam limites, no chão havia linhas pintadas de amarelo: a partir daqueles pontos, não podíamos cruzar e quem ultrapasse quando proibido levaria uma advertência conhecida por *shot*.

A quantidade de pontos que a pessoa recebe determina a gravidade da infração, e o *shot* mais temido era o que levava as pessoas para a solitária.

Elas fizeram duas viagens para levar suas coisas e, quando voltaram para pegar a segunda leva, pareciam estar apavoradas com a suas novas companheiras de quarto, o que era muito preocupante e assustador. Pedi que elas fossem até a linha para me dar notícias no fim do dia, mas não foi possível nos encontrar lá naquela noite.

Na mesma tarde em que elas mudaram, a enfermeira veio até nossa unidade e nos fez o teste de covid-19. Então, eu e as outras duas colegas que chegaram comigo iríamos estar livres da quarentena em no máximo dois dias, o que significava que no próximo fim de semana estaríamos "livres".

Eu estava praticamente 15 dias sem sair daquele prédio, o único lugar que eu ia esporadicamente era à sala de e-mail, o guarda da noite era gente boa e nos permitia dar uma escapadinha para nos comunicar com o mundo externo. Naquela noite, o guarda que estava lá nos permitiu ir checar os e-mails, mas mais que isso, ele disse que anunciaria a contagem com antecedência, nos dando livre passagem pelo campo por 45 minutos. Perguntei para ele se poderíamos ir fazer exercícios e ele disse: "*você, não brigando, fazendo sexo e fugindo, pode fazer o que quiser*".

Todos os dias as contagens eram feitas às 9 da noite, às 8h30 o alto-falante anunciava que iria ser feita a contagem; todas deveriam voltar aos seus cubículos e estarem devidamente preparadas para as 9 horas. Nesse dia, ele fez a chamada às 8 horas, todas entraram e fomos autorizadas a sair.

Quando saí, resolvi ir correr primeiro e quando cheguei à pista, o pôr do sol estava incrível, um dos mais lindos que já vi na vida, o céu estava rosado, senti como se fosse livre, foi uma sensação maravilhosa e, naquele momento, sentia uma paz incrível.

Andei por uns 30 minutos contemplando a natureza e depois fui à sala de e-mails.

Como os minutos de telefone deveriam ser usados inteligentemente para que eu conseguisse chegar até o final dos 30 dias com minutos suficientes para falar com minha mãe e Carlos, eu aproveitava o e-mail para me comunicar com as quatro amigas que sabiam o que estava acontecendo comigo.

Toda minha família e amizades nem imaginavam onde eu estava, eu e Carlos arquitetamos tudo de uma forma que ninguém desconfiasse de nada. Carlos ficou com meu telefone e, esporadicamente, postava na rede social uma ou outra coisa como se fosse eu, respondia às minhas mensagens no WhatsApp, e como eu estava longe de estar presente na vida das pessoas, não levantamos suspeitas de que algo terrível passava.

Voltei para o prédio me sentindo supergrata por aquele momento; a contagem foi iniciada, logo após banho e hora de descansar. Eu estava bem ansiosa para sair da quarentena, haviam me dito que a gerente, vulgo Black Soul, nos chamaria individualmente para conversar sobre nossa saída de lá, o que poderíamos fazer para sair o mais rápido possível e como diminuir a estadia. Isso aconteceria alguns dias após sermos liberadas, e não após 30 dias, como ela havia me falado.

O tempo passava até mais rápido do que esperava, eu me dividia entre treinar, jogar cartas, ler um livro, a Bíblia e escrevia muito, sobre tudo e todos, isso às vezes tomava horas do meu dia, mas eu queria ter certeza de que teria tudo anotado para meu projeto do livro.

Parece louco o que você irá ler agora: os dias iam passando, a saudade aumentava, mas a paz interna que eu sentia também. Era como se dentro de mim eu entendesse: menos um dia aqui dentro, logo terei uma nova vida e essa fase terminará. Tiraram-me do mundo, mas me retiraram dos meus problemas também, eu já não sabia o que era sentir paz fazia muito tempo.

No dia seguinte, mais cinco pessoas chegaram e algumas delas eram assustadoras. Sei que não deveria julgar pela aparência, mas passar por tudo isso como se fosse normal e como se estivesse tudo bem não era fácil!

Quando entrei no campo encontrei pessoas normais, gente como a gente, se eu tivesse chegado e encontrado pessoas como as que tinham acabado de chegar, ficaria muito assustada: tinham dentes de ouro, só falavam gírias, gritando, e com cara de más. A população negra era a maioria no campo, mas tinham os grupos dos brancos, dos *rednecks*, de lésbicas, dos que faziam *bullying*, de hispanos, os grupos quase não se misturavam. Eu era a única brasileira e, no meu pequeno grupo de amigos, tinham hispanos e americanos que haviam acabado de chegar.

Nesse mesmo dia, consegui falar com as meninas na linha de limite dos prédios e me contaram que já haviam solicitado para mudar de parceiras de quarto, que tinham conseguido, mas havia sido assustador; as pessoas que dividiriam o quarto com elas eram muito grossas, sem nenhum tipo de afinidade, davam medo. Minha amiga Joana estava aterrorizada; disse que quando ela solicitou para trocar, a menina que dividiria o quarto com ela saiu gritando, falando que Joana havia dito que ela fedia e, por esse motivo, bateria nela. O pavor era visível no olhar de Joana e passei a sentir a mesma sensação.

Das meninas que chegaram, fiz amizade com uma delas que se chamava Tito. Era americana, bastante branca, cabelo vermelho fogo, alta, perna fina, barriguda, olhos azuis e muito, muito de bem com a vida. Nunca ficou claro para mim se a forma de ela ser era uma máscara para se proteger ou se era gratidão, por estar no campo e ter saído de trás das grades.

Ela viveu literalmente como a série *Breaking bad*, transportava drogas para o cartel mexicano, disse que sua carreira tinha durado um pouco mais de seis meses e que, naquela ela época, ela vivia de maneira "grande", com vida luxuosa, carros, aviões particulares, comprou casas, motos. Ela, como a grande maioria, envolveu-se com pessoas do tráfico e deu início na vida de crime. Ela tem uma sentença de 15 anos e oito meses e já havia cumprido quase sete anos atrás das grades. Em alguns desses anos, dividiu a cela com uma mulher que tinha matado queimados quatro membros da família e um agente do governo a tiros. Imagine que, onde ela estava, só tinha o direito de sair da cela 20 minutos ao dia e devido ao fato de o tempo ser tão curto, ela tinha de escolher entre tomar banho, ligar para alguém ou ir à parte de fora dar uma voltinha, lugar esse que ela me relatou ser igualzinho a uma gaiola.

Perto da hora da contagem, ela me perguntou como deveria ficar; eu expliquei e então ela me disse que não sabia o que fazer, que se sentia como um filhote de cachorro assustado, onde fosse deixada, ficaria. Olhei para ela com os olhos cheios de lágrimas e tive vontade de colocá-la no colo. Eu via uma criminosa, mas também um ser humano, e cada um sabe a dor de ser o que é!

Amanhã era o grande dia, e eu já tinha começado a arrumar minhas coisas para me mudar.

CHEGOU A HORA

Levantei-me, terminei de arrumar o resto do que faltava, não que eu tivesse muitas coisas, mas tinha algumas que usava todo o tempo e só poderia guardar no último minuto.

A cama também tinha de estar arrumada até último minuto, já tinha escutado que fora da quarentena as coisas eram mais rígidas e que não podíamos deixar nada fora do lugar.

Depois do almoço, mais ou menos, por volta da 11h30, a gerente veio, deu o número do cubículo que tinha sido dado a cada uma e nos deu autorização para mudar.

Tínhamos de estar de uniforme para a mudança e seria a primeira vez que eu usaria. Colocamos nossas coisas e colchões no carrinho da lavanderia e lá fomos nós, duas de nós estariam no mesmo prédio e somente uma estaria em outra unidade. Assim que parei na frente do prédio, deixei o carrinho encostado de lado, entrei para ver como era e onde ficava o meu quarto. Dentro, o prédio era todo pintando de cinza, a porta de entrada dava de frente ao escritório da gerente Cristina. Até aquele momento, ainda não sabia se era vantajoso morar no prédio em que a gerente tinha escritório ou não, fui caminhando ao redor para encontrar o quarto de número 13 que seria o meu, passei pelo banheiro, que era bem limpo comparado com o da quarentena, cumprimentando todas. Fui rodeando o prédio até encontrar meu local, encontrei e então fui buscar minhas coisas. Lá era menos frio que o prédio anterior, talvez fosse porque havia mais pessoas. No prédio onde eu estava, morava no andar superior, agora ficaria no andar inferior, peguei as coisas e fui levando para o quarto que me deram. Cheguei lá, já pude observar que minha parceira fugia da regra se comparada às outras presas, aquele quarto estava uma bagunça, tinha coisas em todos os lugares e todos os armários ocupados.

Como eu não tinha onde guardar minhas coisas e tinha de esperar a moradora chegar, resolvi procurar Joana que, quando se deu conta de com quem eu dividiria o quarto, fez cara de assustada. Eu não podia acreditar, mas se tratava da mesma pessoa que ela tinha pedido para mudar de cela, aquela que disse que bateria nela, o que na verdade era pura mentira, as pessoas falam muito. É bem difícil que algo aconteça lá, porque se algo acontecer e alguém do administrativo ficar sabendo, a pessoa vai para a solitária e perde o direito de ficar no campo. Porém, até aquele momento, não sabia disso nem ela, era tudo muito novo para nós.

Quando ela me disse isso, fiquei nervosa e com medo, não queria confusão, mas como a "dona do quarto" ainda não tinha me visto, peguei minhas coisas e levei tudo para o cubículo da minha amiga, coloquei no chão e saí caminhando pelo prédio para ver quais lugares tinham camas livres. Após verificar todos os locais, constatei que havia dois lugares, conversei com quem morava lá e perguntei se para elas estaria tudo bem se eu solicitasse mudar para os quartos delas; elas concordaram. Fui até a gerente Cristina e lhe disse que eu tinha duas amigas, dei o número do quarto delas, disse que as camas estavam disponíveis e, se possível, gostaria de ficar com uma delas. Foi a desculpa mais fácil que encontrei!

Enquanto estou conversando com Cristina com a porta trancada, escuto uma barulheira; dou-me conta de que aquela que tinha acabado de passar do lado de fora da sala, me procurando pelos corredores, era a mulher que viria ser a minha mais nova "amiga de quarto", conhecido por DA, vi que entrou em uma porta que eu ainda não sabia o que era e voltou, então escuto alguém falando com ela que eu estava na administração, então ela grita: *"Deixa eu ver se essa puta é branca"*. Quando escuto isso, arrepiou até o cabelo da minha nuca; olho para ela, tinha o pescoço e os braços todos tatuados, gordinha, baixa e todos, todos os dentes de ouro. Aquilo estava longe do que eu esperava do meu primeiro dia ali daquele lado, e como você pode imaginar, a prisão não tem muita coisa para fazer e o passatempo preferido das presas é falar da vida alheia. Em pouco tempo, me daria conta de que para muitas ali eu já era a branca racista que estava com medo de DA.

Para minha infelicidade e desespero, a senhora Cristina disse para eu voltar ali à sala dela por volta das 3 horas da tarde, porque ela estava muito ocupada para fazer as mudanças que deveriam ser feitas no computador, as quais me permitiriam mudar de quarto naquele momento. Eu agradeci e saí sem saber o que fazer.

Voltei para o quarto da minha amiga, conversamos e decidi deixar as coisas lá até voltar a falar com a senhora Cristina novamente.

O movimento ali estava grande e o barulho era imenso, estavam movendo uns beliches, os beliches eram de três andares e ferro de verdade, mas só duas camas eram ocupadas. No quarto de minha amiga, perguntei se poderia deitar na cama para ver qual era a sensação, estava com medo de que me desse claustrofobia, o que não ocorreu, mas parecia que eu estava num sarcófago, não era possível se sentar nas camas, tinha de entrar "se arrastando". E sair assim também!

Para dormir na parte de baixo do beliche, tinha de ter uma autorização especial. Essas partes eram destinadas a pessoas que tinham problemas de saúde, e não podiam escalar aquelas camas gigantes e altas.

Justamente naquele dia em que mudamos, estavam mudando as camas de três lugares para dois, havia um grupo enorme de mulheres tentando fazer isso, mas as camas eram muito pesadas e era quase impossível. As camas que estávamos tentando mover estavam fora do prédio, na parte de trás onde era uma floresta, a quantidade de mosquitos ali era inacreditável, estávamos sendo comidas vivas e o calor era inacreditável. Até tentei ajudar, mas resolvi parar porque tenho problema na coluna e estava com medo de me machucar: precisar de assistência ali era a última coisa que eu queria que acontecesse.

Passado pouco tempo desistiram, já era perto das 3 horas da tarde e eu voltei a falar com a senhora Cristina, que disse que eu só me mudaria de quarto na segunda, ou seja, não tinha escapatória, passaria o fim de semana com DA.

Eu tinha de ir para o quarto com ela, e isso teria de acontecer antes da contagem das 4 horas da tarde. Quando voltei para o quarto, ela tinha liberado a minha parte do armário, comecei a arrumar as coisas e, quando ela chegou, fui supersimpática, falei que eu ficaria ali e que havia entendido algo errado, que tinha dado uma confusão, mas que já estava tudo bem.

Ela foi simpática, falava bem próximo ao meu rosto e começou a perguntar coisas do meu país. Falou que tinha sonho de ir para o Brasil, ela era meio bipolar. Joana não gostava nem de passar na porta, já a minha outra amiga, Kelly, que não tinha nada que ver com o rolo, veio me visitar. Foi então que DA mudou e disse que Kelly também estava dizendo que ela fedia, e ia dar uns tapas nela. Eu tentei amenizar, mas também estava assustada e outras pessoas vieram falar com ela para acalmá-la.

Confesso que me sentia pressionada, com medo e assustada, assim que liberaram a contagem, saí caminhando e pela primeira vez chorei, chorei um choro enrustido e cauteloso, porque não queria que ninguém visse. Obviamente me viram, momento de privacidade ali era impossível, eu me sentia exausta e com vontade de desaparecer.

Minha angústia era tanta que saí e andei no *trekking* até cansar; meu intuito era voltar para dentro do prédio no último segundo permitido.

Poucas horas ali e já estava mais que claro que o silêncio seria algo inexistente, éramos 40 naquele piso, diferentes línguas, culturas, umas falavam praticamente gritando, vários estilos musicais diversos e todas querendo se fazer escutar.

Voltei para me preparar para a contagem e fiquei no quarto das minhas amigas até quanto pude. Fui para o meu cubículo para a contagem, depois tomei banho e fui dormir.

Como quase todo mundo trabalhava ali, às 10 da noite as luzes eram apagadas, o telefone desligava às 22h30 e, finalmente, o silêncio chegava. Eu aproveitava para ler um pouco até cair no sono, o que sempre acontecia antes das 23 horas e, normalmente, às 6h30 eu já estava acordada.

NADA MELHOR QUE UM DIA APÓS O OUTRO

Acordei bem cedo, era sábado, a grande maioria das pessoas aproveitava o fim de semana para dormir até mais tarde, pois os alto-falantes não faziam barulho até às 9h30. Eu coloquei roupa de ginástica e fui para a academia, onde eu passaria a maior parte dos meus dias.

Agora eu poderia andar por todo o complexo, que era como um internato distribuído desta forma:

Lado esquerdo:

» Prédios 1 e 2.
» No meio, lavanderia.
» Prédio 3: não habitado, prédio 4: quarentena.

Lado direito:

» Sala para receber presos.
» Sala da psicóloga e onde assistíamos à classe on-line.
» Administração.
» Loja.
» Salão de cabeleireiro.
» Dentista.
» Refeitório.
» Sala de computadores.
» Biblioteca.
» Projeto Unicorn.
» Classe para supletivo.
» Sala para assistir a jogos, que só tinha uma TV dentro.
» Banheiro.
» Sala grande de TV.

A parte de recreação tinha:

» Academia.
» Pista para caminhada.
» Campo de futebol americano.
» Quadra de basquete.
» Quadra de *pickleball*.

Figura 1 – FPC Marianna Federal Prison

Fonte: http://mylifeasasaga.blogspot.com/2012/10/my-prison-designs-saga-5.html

Às 9h30, eu voltei e estava pronta para a contagem. Logo era o horário do almoço, que seria ovo, acompanhado de batata; fui almoçar com as minhas amigas e, depois, fizemos grupo de oração.

Uma de minhas amigas, Joana, tinha uma companheira de quarto que era tranquila, mas ela queria mudar de quarto, porque tinha tido muita afinidade com uma senhora que era uma mãezona, de quem ela gostava e que agora estava com uma cama livre em sua cela, então tinha casado tudo perfeitamente. Joana mudaria para o quarto da senhora de que gostava e eu, na segunda-feira, me mudaria para o quarto onde ela morava e seríamos vizinhas. A minha outra melhor amiga também estava ali do lado, não podia ser melhor que isso.

Minha amiga me apresentou para Angel, que viria a ser minha nova companheira de quarto, simpatizamos uma com a outra, mal poderia esperar que chegasse segunda-feira.

Kelly sabia jogar *pickleball* e, logo após o café, começamos a jogar, aquilo seria meu grande passatempo a partir de então. Aquele esporte era muito divertido e estar ali jogando, rodeada de árvores, me fazia sentir livre.

Kelly e Joana eram minhas melhores amigas desde a quarentena, mas elas não eram melhores amigas, uma tinha ciúmes da outra. Era até engraçado, modéstia à parte, eu sempre tinha uma boa energia e as pessoas gostavam de ficar perto de mim, diziam que tinha muita luz.

Após parar de jogar, fui tomar banho; diga-se de passagem, o banheiro era bem limpo e organizado, a responsável pelo banheiro era uma senhora que eu havia conhecido no dia anterior, quando tentávamos mudar as camas. Particularmente naquele sábado, ela não se sentia bem, eu havia simpatizado muito com ela, e por ela ser a colega de quarto da Cris, que também esteve na quarentena comigo, passei para visitá-la; perguntei se estava bem, ela disse que não se sentia bem, mas que melhoraria. Eu a parabenizei pela limpeza do banheiro e fui me inteirar de outras coisas.

Muitas das pessoas que estão ali não têm ninguém lá fora e/ou alguém que envie dinheiro para elas. Então, se viram como podem para conseguir comprar comidas na loja e produtos de necessidades básicas. Algumas oferecem para lavar suas roupas, limpar seu quarto, manicure, pedicure, vendem doce, comida, cartões feitos a mão, bolsas, roupas de crochê, que aprendiam a fazer lá, decoração de aniversário e até massagem. Qualquer contato entre presas é extremamente proibido, qualquer toque, abraço era considerado Prea (Prison Rape Elimination Act), traduzido significa: lei de eliminação de estupro na prisão, e tinha penalidade gravíssima. Então, ofereciam massagens e se algum guarda estivesse vindo, o que era muito raro, alguma presa que estava fora dava um toque em todo o campo, que às vezes era um grito; outra presa imitava um pássaro e, assim por diante. Mas também se ninguém avisasse dificilmente eles pegariam alguém com a mão na botija, pois, por serem homens, tinham de avisar que estavam adentrando ao recinto, e o molho de chave barulhento preso à calça os acompanha o dia todo, era difícil que passassem despercebidos.

Quando eu ainda estava em quarentena, tinha acontecido algo muito estranho: chegou uma mulher ao campo supermasculinizada, passadas poucas horas, entregaram uma bolsa enorme cheia de comida, doces, roupas, bebidas para ela. Já tinha visto muita gente chegar, mas aquilo era inédito para mim. Então, umas das meninas que eu conhecia, a qual tinha vindo de outra prisão, nos explicou que aquilo era normal acontecer quando alguém como ela chegava, porque havia poucas lésbicas masculinas no campo e que uma tinha acabado de voltar para a casa. Então, com segundas intenções, muitas mulheres haviam se unidos para dar coisas a ela, fazendo que se sentisse bem recebida, mas que favores seriam solicitados quando ela viesse para esse lado. Logo, a Prea não era tão assustadora por ali.

Naquela tarde de sábado, dentro da sala de TV, tinha um restaurante funcionando ali, não havia ninguém da administração trabalhando naquele dia e estava mais que claro que o único guarda que estava lá não se importava com aquilo. Fiquei sem entender como elas tinham acesso a todos aqueles ingredientes, até forno elétrico tinham, o que era estritamente proibido.

Eu tinha acabado de chegar, observava muito, mas não estava na hora de tentar entender, já havia aprendido que ali nada se pergunta. Mas também já tinha entendido que muitas coisas eram conseguidas por meio do famoso contrabando dentro das prisões.

Caminhando pelo campo, vi umas meninas que pareciam cambalear, como se estivessem bêbadas ou drogadas, mas achei que talvez fosse coisa da minha cabeça e eu estivesse ficando louca.

Naquela mesma tarde, já tinha aproveitado para contratar o serviço de lavanderia exclusivo, que era feito por pessoas que trabalhavam na lavanderia, o valor mensal era de 20 dólares e você escolhia pagar por mês ou por semana na loja. As pessoas que você contratava diziam o que queriam da loja; você comprava no dia que tinha acesso às compras e entregava o que foi solicitado. As compras eram feitas uma vez por semana e cada prédio tinha o dia correto, meu prédio fazia compras às terças.

Poder ter minhas roupas mais bem lavadas era algo que eu queria e precisava muito, pois a forma como lavavam as roupas era nojenta, voltavam visivelmente sujas. As roupas eram colocadas dentro de máquinas gigantes, com roupas de dezenas e dezenas de mulheres dentro de bolsas. As bolsas eram brancas, furadinhas, como se fossem redes de pescador; tinha de amarrar bem a boca para que não abrisse e não perdêssemos peças. As roupas ficavam espremidas dentro daquela bolsa, o que impossibilitava que elas se esfregassem dentro da máquina.

Pagando o serviço por fora, elas escreviam o nome nas peças e lavavam-nas soltas, fora do saco, junto a das outras que pagavam pelo mesmo serviço. O serviço de lavanderia regular era nojento.

Desde que eu havia chegado, logo após uma semana, fiquei com corrimento vaginal muito corrosivo, que me queimava e com cheiro. Tenho certeza de que foi devido a roupas mal lavadas. Quando penso que usei calcinha usada que havia sido lavada daquela forma, me dá náuseas.

Outro serviço que marquei foi de manicure e pedicure, minhas unhas estavam doendo de tão encravadas e, na semana seguinte, faria minha primeira ligação de vídeo, queria estar bonita, arrumada e parecendo estar bem cuidada. Sem dúvida, se Carlos me visse arrumada, lhe traria conforto em me ver bem e eu iria me sentir melhor também, certamente. Faria as unhas no dia seguinte.

O dia terminou, depois do banho tomado, fui para a fila para usar o telefone. Ali era muito diferente da quarentena: era um telefone para muitas mulheres, o processo era longo e demorado, às vezes esperava quase 30 minutos para a minha vez de fazer a chamada, quando ligava ninguém atendia, era muito frustrante.

Aproveitei o resto do dia jogando cartas com minhas amigas e, depois, fui conversar no quarto delas. Joana dividia o quarto com a senhora protetora, que já estava há 12 anos presa, e Kelly com uma médica, que já estava há 10. As duas eram respeitadas, e era visível que sabiam se impor muito bem!!

Ali, conversando, começo a sentir um cheiro maravilhoso e vou ver de onde vinha: era de um casal, as duas seriam minhas vizinhas de parede a partir de segunda. Elas estavam cozinhando com um ferro de passar roupas. Fiquei chocada com isso e com água na boca. Elas estavam fazendo um sanduíche de pão com presunto. Com a Kelly, parei na porta e fiquei observando, mostrei quão surpresa estava. Uma das moças perguntou se queríamos, dissemos que sim, como os olhos brilhando, mas que não tínhamos nenhum daqueles ingredientes. Então, as duas se entreolharam e disseram que nos dariam, superagradecemos e ficamos ali olhando tudo que elas faziam atentamente.

Confesso que me dava um pouco de nojo da forma que era feito, mas depois de quase 20 dias de prisão, já tinha aprendido a fazer vista grossa. O que não mata engorda!

Antes de explicar como era feito, primeiramente tenho de comentar que cada presa ganhava por semana três rolos de papel higiênico embalados individualmente, com embalagem de papel-manteiga, que era verde e branca por fora e branca por dentro.

A preparação do lanche começa: ela pega duas bandas de pão, passa manteiga, mas uma das coisas que eu não sabia de onde vinha, afinal de contas, na loja não vendia manteiga; então, coloca o presunto, queijo, retira o papel-manteiga do papel higiênico, coloca em cima do sanduíche na tampa da mesa dela e, pacientemente, coloca o ferro quente em cima, vai virando e fazendo isso até que o pão esteja crocante, presunto quente e queijo derretido. Demorou mais de 10 minutos para aquilo ficar pronto, mas valeu a pena e estava delicioso. Depois fez o da Kelly, agradecemos muito, vimos as duas limpando o ferro, enrolando em uma toalha e escondendo dentro do lixo. Ali quem tinha ferro era rei!

Dormi bem alimentada e acordei com cheiro de comida.

Eu já havia percebido que ali não se comia tão mal, nesse meu primeiro domingo de manhã ficou muito claro que várias pessoas tinham ferro e que cozinhar era um hábito, cada qual se unia com sem grupo, as garotas juntavam os ingredientes, e ali ficavam "cozinhando" e conversando.

Fui me arrumar para começar o dia e, então, me dei conta de que já fazia bastante tempo que não me via nua. Que saudade me deu de me ver, uma sensação estranha, logo eu, que sempre fui tão vaidosa, já não me via e usava roupas que praticamente cabiam duas de mim dentro. Sentei-me com Joana no quarto de quem era sua nova companheira, Meg, e ficamos conversando. Era uma senhora com quase 60 anos, não tinha cara de muitos amigos, mas me dei conta de que era só uma forma de proteção. Ela tinha nascido no Canadá, pela história de vida, parecia ter vindo de uma família de posses, e umas das irmãs era diplomata. Dizia falar seis línguas e tinha sido presa com uma sentença de 35 anos por causa do esquema Ponzi.

O esquema Ponzi é uma operação fraudulenta sofisticada de investimento, do tipo esquema em pirâmide, que envolve a promessa de pagamento de rendimentos anormalmente altos ("lucros") aos investidores à custa do dinheiro pago pelos investidores que chegarem depois, em vez da receita gerada por qualquer negócio real. O nome do esquema refere-se ao criminoso financeiro ítalo-americano, Charles Ponzi.

Em sua trajetória de anos na prisão, Meg tinha muitas histórias para contar, ela havia sido presa no Sri Lanka e ficado lá quase dois meses. Uma de suas histórias me fez rir demais: ela contou que estava presa num lugar horrível que tinha um buraco na parede por onde entravam sol, chuva e insetos. Ela lia a Bíblia quando uma barata de proporções gigantesca entrou, ela pegou a Bíblia e aplastou a barata. Aquilo gerou uma comoção e ela passou a ser ignorada por tudo e todos, pois insetos naquele país eram reencarnações de pessoas, então começaram a gritar com ela, dizendo que era uma assassina.

Essa história me fez rir, mas muitas das que ela me contou me emocionaram.

Ela recebia jornais todos os dias e, enquanto conversávamos, eu folheava o jornal. Vejo uma matéria sobre um policial branco que havia asfixiado um negro no chão, apertando o pescoço dele com o pé; tinha acabado de ser julgado. Esse caso tinha repercutido no país inteiro e no mundo, gerado protestos e depredações nos Estados Unidos, e a pena que ele recebeu foi de 18 anos; a senhora ali presente pegou 35 anos por ter ido a julgamento após recusar um acordo com o governo.

Todas as pessoas que estavam ali com pena acima de 20 anos, sem exceção, eram pessoas de colarinho branco, que tinham optado por ir a julgamento e negaram acordo com o governo. Foi quando eu descobri que existe a "pena de julgamento".

A "pena de julgamento" é um conceito amplamente aceito por todos os principais atores do sistema de justiça criminal: réus, promotores, advogados de defesa, funcionários de tribunais e juízes. A noção é de que os réus recebem sentenças mais longas no julgamento do que teriam por meio de barganha, muitas vezes substancialmente mais longas. Então, exercitar o direito de cidadão não é um direito quando uma pessoa cai no sistema, e você pode sofrer duras penalidades por isso.

Entre tudo que tinha acontecido naquele fim de semana, ocorreu algo surpreendente: efetuaram uma contagem de emergência no meio do dia e guardas, vindos do presídio de segurança média masculino, adentraram olhando em todos os possíveis locais, abrindo portas de banheiro. Suspeitei de que tinha acontecido algo, cortaram os telefones e e-mails, a sensação de impotência, medo e insegurança ali às vezes é terrível.

MUDANÇA DE QUARTO

A esperada segunda-feira chegou e eu não via a hora de poder mudar de quarto. A senhora Cristina chegou e meu deu autorização, mudei o mais rápido possível, agora instalada me sentia melhor. Da minha janela, tinha uma vista bonita, o que incluía o pôr do sol. Angel, minha nova companheira de quarto, era muito organizada e o quarto superlimpo.

Algumas pessoas, em alto e bom tom, faziam piada, dizendo que eu tinha trocado DA pela louca da Angel e que me ferraria. Enfim, resolvi não dar bola e fazer de conta que não era comigo.

No decorrer do dia, entre comer e os exercícios, fomos orientadas que deveríamos ir à sala da psicologia assistir a seis vídeos e responder a algumas perguntas; isso feito, contariam pontos para redução de pena e boa conduta.

A série se chamava *Psicologia para presidiários*. Do ponto de vista da psique humana era muito interessante, mas quase nada servia para mim, pois falava de situações pelas quais criminosos passavam, eu não tenho mente criminal, então, não tinha exemplos reais para responder ao questionário. Dentro da minha cabeça, montava uma história para poder responder às perguntas e ter boa pontuação. Sem dúvida, qualquer professora de teatro ficaria orgulhosa com a minha imaginação.

Nos próximos dias, teríamos classes de orientação, dentista, médico e o esperado Team. Team significava que a gerente do campo, no caso a Black Soul, iria atender a cada nova presidiária e explicar o que teríamos de fazer para a redução de pena, quais benefícios aplicava ou não para cada indivíduo. Não via a hora que isso acontecesse e esperava ansiosa.

Fiquei no meu quarto lendo, com a cabeça na direção da janela. Volta e meia me distraía nos devaneios do meu pensamento, quando me dei conta, Angel estava de volta do trabalho. Deu-me boa tarde, entrou com rapidez, pegou seus pertences de banho que ficavam num saquinho de pano, sua cadeira, sua toalha e foi tomar banho. Estava ali há pouco tempo e tinha comprado uma toalha decente, não podia acreditar que ela ainda usava aquela toalha horrível. Não sabia bem ao certo sua história, mas sabia que ela estava ali há mais de 10 anos.

Quando ela voltou do banho, deitou-se na cama e se cobriu olhando para cima e em silêncio; ficou estática, que estranho! Resolvi quebrar o gelo e disse que tinha recebido revistas, já tinha acabado de ler, se ela quisesse, poderia ler. Ela imediatamente se sentou na cama com postura borboleta e com um olhar até infantilizado disse que sim. Fiquei observando e quando tive oportunidade puxei papo; ela me contou muita coisa de sua vida.

Ela era baixinha, fora de forma, olhos bem azuis, um cabelo cor de caramelo lindíssimo, comprido e ondulado, mas que vivia preso num coque. Ela não era linda, mas estava longe de ser feia. Tinha 42 anos, era de uma cidade pequena e tinha passado praticamente toda a sua adolescência e vida adulta presa. Mãe casada com traficante, cresceu dentro do tráfico, mas a família era muito pobre. Foi vítima de estupro aos 13 anos, o que lhe gerou um filho, o filho já era grande, também estava preso e ela tinha um neto de cinco anos que não conhecia. Depois, ela teve mais um filho aos 17 e outro aos 21, sofreu vários outros abusos no decorrer da adolescência até a maioridade. Foi e voltou da Juvenile Detention Center (feben) inúmeras vezes. Seu pai foi assassinado e a última vez que foi pega, que era o motivo pelo qual ela estava na prisão, era por distribuição de metanfetamina. Ela estava tentando ir para prisão domiciliar, uma vez que já havia cumprido mais de 50% de sua pena que, ao total, era de 20 anos.

Não tinha ajuda de casa e nos 10 anos e 8 meses de prisão, conseguiu juntar três mil dólares. Esse dinheiro ela pretende usar para recomeçar a sua vida fora do presídio.

Ela já havia passado por cinco diferentes instituições, algumas transferências em avião, outras em ônibus. Contou que, em uma delas, ela ficou viajando quase 24 horas com pés e mão algemados, passou quase todo o tempo fechada entre quatro paredes.

Ela tossia muito e dizia que o pulmão doía demais. Estava fazendo vários exames, mas até então não tinha descoberto nada. O sonho dela era voltar para trás das grades, porque ela odiava ter de conviver com pessoas. Por diversas vezes, ela me disse com a voz calma e mansa que, se a possibilidade de ela voltar para casa deixasse de existir, iria machucar alguém para perder o status de campo e voltar para a penitenciária.

Após escutar isso, comecei a pensar que ela não era muito normal, pensamento esse que mais tarde seria confirmado por pessoas que já a conheciam de outro presídio e vieram transferidas com ela.

Ela havia sido diagnosticada com nove diferentes personalidades, tinha mania de perseguição, vivia dizendo que pessoas a observavam tomando banho, que as coisas sumiam do armário dela, o qual estava sempre fechado, entre outras coisas que fui escutando ao longo do tempo.

Já eu, não tinha muito que fazer: ou ficava ali com ela, que me tratava bem e parecia um anjo; ou voltava para a racista, que já tinha mostrado que não gostava de mim.

Imagine você que ela não sabia o que era o mundo lá fora; não sabia o que era Amazon, internet sem ser discada, telefone inteligente, WhatsApp, mídia social, carros elétricos etc.

Vez ou outra ela comentava coisas que tinham acontecido no mundo muito tempo atrás, como se tivesse ocorrido ontem. Eu não podia reclamar, ela sempre foi ótima para mim e me tratava muito bem. Do lado de fora, sem dúvida, era considerada a escória da sociedade, às margens da pobreza, vivendo uma história que até então eu só via nos filmes.

Ela tinha uma tatuagem enorme no pescoço, com algumas iniciais que pensei serem afiliação com gangue, mas segundo ela, significavam seu carma. Não entendi muito bem, mas se essa era a explicação que queria me dar, só me bastava respeitar.

Se o diagnóstico que diziam que ela tinha fosse verdadeiro, em vez de estar ali, ela deveria estar em um hospital penitenciário, deveria ser tratada para que talvez pudesse estar mais preparada para voltar à sociedade.

Tinha acabado de receber muita informação em um curto período que me deixou bem para baixo. Estava pensativa no meu canto, quando me avisaram que tinha saído a lista do que havia sido marcado para o dia seguinte para as que vieram transferidas da quarentena.

Corri para a entrada do prédio, do lado de dentro, no lado esquerdo, tinha um quadro branco com alguns papéis alfinetados com nomes e compromissos anotados, com informações de qual seria a sala e horário.

Por fim, tinha chegado meu dia, eu tinha na parte da manhã orientação e no período da tarde o esperado Team.

BOAS-VINDAS AO CAMPO

A orientação começava às 7h50 da manhã, basicamente eles explicaram como funcionava lá dentro, hierarquia que deveríamos respeitar, direitos e deveres. Honestamente, falaram tudo que aprendíamos sozinhas. Também falaram muito de HIV, tuberculose e hepatites.

Foi bem chato e cansativo, estava faminta e não via a hora de comer, porém, a cada dia que passava, com mais nojo eu ficava da comida. As que trabalhavam na cozinha contavam cada coisa que não dava para acreditar: havia comidas vencidas, várias vezes peguei leite vencido, hambúrguer que tinha cheiro de podre, as meninas afirmavam que na embalagem da carne dizia que não era para consumo humano. Juro que não consigo explicar o quão ruim era a comida... O refeitório era tomado de moscas, havia baratas e os ratos sempre marcavam presença, correndo na hora do almoço ou simplesmente caindo do teto.

Diziam que todas as pessoas novas tinham de trabalhar na cozinha, e só de pensar me dava desespero. As novas sempre eram encarregadas do pior serviço, até que outras novas chegassem. O pior serviço era lavar as bandejas... As bandejas tinham os buracos para dividir a comida, então, quando alguém terminava de comer, batia a bandeja na borda do lixo para jogar o resto da comida e colocava em cima de um balcão; outra chegava e colocava em cima, até que a pilha ia crescendo e crescendo, e as pessoas que trabalhavam ali, com uma mangueira de água quente, iam tirando o grosso e colocando a bandeja dentre uma máquina industrial de lavar e esterilizar. Aquele local era muito quente, aquela água de resíduo de comida respigava e elas ficavam lavadas de restos de comida e água suja, trabalhavam assim por horas e horas. Elas entravam às 6 da manhã e saíam às 6 da tarde, porque não só tinham de lavar, cozinhar e preparar a comida para as mulheres, mas também para o presídio de segurança média masculino, que era do lado e tinha quase 800 homens. Às vezes, a cozinha inundava na parte de trás e elas ficavam com água até a canela.

Aquilo era um trabalho escravo, muitas vezes, via as meninas que faziam esse serviço sair de lá chorando e exaustas.

Existiam outras posições na cozinha, como linha para servir comida, limpar as mesas e o piso do refeitório, tirar o lixo, montar as marmitas para o outro presídio etc. Não importa, o que quer que fosse, não queria trabalhar na cozinha de nenhuma forma, pois além de tudo, o drama lá dentro era gigantesco: sempre havia umas que se achavam melhores que outras na hierarquia da cozinha.

O campo era mantido pelas presas e tinham "funcionárias" que trabalhavam na parte elétrica, jardinagem, manutenção, construção, limpeza, como motoristas, com reciclagem, davam aulas de idiomas, de artesanato, em estoque, loja, lavanderia, recreação etc. Havia empregos, eu estava obstinada em conseguir outras coisas para fazer e sabia que conseguiria.

Acabei comendo minha própria comida, já estava me virando melhor com as coisas que tinha e já aprendendo a ser um pouco mais criativa. Mas sempre que conseguia, eu optava por comer a comida do refeitório, porque se fosse comer só da minha, meu limite de compras do mês não seria suficiente. Então, optava pelas minhas coisas, quando era intragável o que serviam.

As comidas que serviam, das quais eu "mais gostava", eram: filé de peixe, frango, arroz e feijão. Os dias em que tinha isso, se deixassem, eu até repetia, mas não era sempre que nos deixavam repetir. Outra coisa de que eu gostava era pizza, mas, na grande maioria das vezes, recebíamos um só pedaço; o guarda preferia jogar fora ao deixar que comêssemos.

Quantas vezes eu pedi para pegar mais um pedaço e ele respondeu: "*I don't do second*" ("*Eu não sirvo duas vezes*").

As meninas da cozinha às vezes conseguiam levar comida para a "casa", mas volta e meia voltavam chocadas com a quantidade que havia ido para lixo, sendo que a grande maioria ainda tinha fome.

Atitudes como essas, para mim, eram nada mais que o reflexo do ego de alguns policiais, que achavam que com isso mostravam quão poderosos eles eram. Mas para mim, não passavam de pessoas ignorantes, as quais não conseguiam ser nada melhor que aquilo e precisavam abafar sua falta de competência com abuso de poder.

Estava chegando a hora do Team. Fui chamada, rezei, pedi proteção e fui até escritório da Black Soul. Que mulher mais carregada! Perguntei se podia me sentar, ela disse que sim e, então, aproximei a cadeira para perto da mesa; ela pediu que me afastasse e ficasse encostada na parede, como se eu fosse um ser desprezível que ela precisasse ficar longe. Que bom que ela não lia pensamentos, mas eu engoli seco e senti um nó na garganta, me deu uma grande raiva, entretanto, eu apenas disse: "*Sim senhora!*". E me afastei.

Ela falou que devido ao meu histórico médico, talvez eu pudesse ser aprovada para a prisão domiciliar, mas vindo dela... É claro que ela não podia deixar de fazer um terrorismo, então disse que em razão de eu ter sido julgada em um estado e morar em outro, ela teria de pedir minha transferência e isso poderia demorar meses.

Isso para mim não fazia o menor sentido, pois desde o princípio da investigação e sentença, sempre estive no mesmo endereço. Ou seja, a justiça/governo estava cansada de saber onde eu vivia.

Não bastando isso, disse que se eu fosse autorizada, ela precisaria reportar para as autoridades locais, porque o meu caso envolvia drogas. Naquele momento, para mim, existiam duas possibilidades: ou ela estava se divertindo com a minha cara, se deliciando em ver que estava me deixando nervosa, ou que Black Soul era inapta para estar na posição em que estava. Hoje penso que eram as duas coisas! As más línguas diziam que ela só ocupava aquele cargo, pois tinha se envolvido com a pessoa correta.

Eu expliquei a ela que meu caso não era relacionado a drogas, e sim à introdução de produto adulterado entre estados.

Fiz mais algumas perguntas, dizendo que queria entender bem o que ela estava me explicando. Foi então que ela me disse: "*Você não é melhor que ninguém aqui, é igual a todo mundo*".

Confesso que estava à beira de um ataque de nervos e, por alguns segundos, me imaginei como nos filmes, pulando em cima da mesa, grudada no cabelo dela e enchendo-a de pancada.

Mas como não era possível, fiz uma cara de paisagem, disse que não tinha sido minha intenção e eu só estava tentando entender quais eram meus direitos e deveres.

Black Soul não tinha me explicado absolutamente nada sobre o Care Act. Eu cumpriria 25% da minha sentença em menos de um mês, que seria no dia 15 de julho, e cumprir 25% era uma das condições para ser elegível a essa lei. Procurava fazer tudo que estava ao meu alcance para ir embora o mais rápido possível. Já tinha preenchido o documento que a advogada havia me orientado e aguardava a resposta do diretor da prisão; já tinha feito o primeiro curso, que poderia ajudar na redução de pena e diminuir pontos por boa conduta etc. Estava tentando ser forte, era sempre positiva e bem-humorada, mas confesso que não estava sendo fácil manter esse espírito. Sempre escutei das pessoas que me rodeavam que eu era muito forte e, nesse momento, tinha de concordar com elas: não era fácil conseguir estar ali e ter a inteligência emocional que eu tinha para não surtar, ou ficar deprimida pelos cantos como a grande maioria, ou até mesmo mudar minha forma de ser para caber ali dentro. Ao contrário, a cada dia que passava, eu atraía mais pessoas para jogar comigo, fazer exercícios, para conversar, e sempre diziam que gostavam de estar perto de mim, porque eu trazia luz para a vida delas. Administrar tudo isso não foi fácil!

Quando saí daquela sala, me deu muito medo ter de ficar lá por seis meses. Fiquei muito nervosa e, pela primeira vez, me despertou a vontade de fumar e beber, aquilo foi como um gatilho: fumar e beber eram válvulas de escape, mas ali era impossível para mim, pois não queria me meter em problemas.

Tinha plena convicção de que receberia uma data para voltar para casa, e não só não tive a data, como também me senti super-humilhada pela forma com que ela falou comigo, bem como me tratou. Mas logo me veio à cabeça: o que poderia ser mais humilhante do que estar em uma prisão federal? Nada!

Saí do escritório e envie um e-mail para a minha advogada. Mais tarde fui verificar a resposta: sim, eu estava certa no que pensava e a Black Soul errada!

Quando um e-mail era enviado, demorava bastante tempo para recebermos respostas, pois toda a comunicação era fiscalizada quando saía e quando chegava. Acreditávamos que quando mandávamos, o remetente recebia após uma hora ou uma hora e meia.

Enfim, de nada adiantaria ficar mal ou nervosa, então chamei Kelly para jogar e afoguei minhas mágoas no suor do jogo, realizando a única coisa que me fazia esquecer que estava ali naquele lugar.

Joguei por algumas horas e, quando paramos para descansar, sentei-me em um banco que tinha um ninho de vespas embaixo. Em segundos, havia um monte de vespas ao meu redor e fui picada várias vezes, as picadas eram perceptíveis aos olhos: eu via três, aquilo queimava, doía e eu gritava. Até que apareceu um guarda e perguntou se eu estava bem, era tarde, já perto das 8 horas da noite, a enfermaria não estava aberta, muito rápido ficou tudo inchado, vermelho e pulsava.

Aquilo era um absurdo e me dei conta de que tinha ninho de vespas em todos os lugares. Graças a Deus, não tinha alergia, porque se eu tivesse, poderia ter morrido com a quantidade de picada que havia levado e sem assistência.

Após um furacão, antes de o campo onde eu estava ser reativado, o presídio havia recebido verbas milionárias para melhorias e ninguém entendia o que acontecia, pois tudo estava caindo aos pedaços: vespas por todos os lados, aranhas, víamos cobras o tempo todo, faltavam professores para quem queria estudar, a comida era nojenta, assistência médica precária, banheiros com chuveiros sem funcionar, rede de esgoto colapsando. O estabelecimento é pago por preso recebido, os números só aumentavam e mais consternada com o sistema eu me sentia.

Voltei ao prédio, peguei as minhas coisas para tomar banho e, parada na frente do espelho, estava a senhora que limpava o banheiro. Eu já a havia visitado novamente há uns dois dias, ela estava com as extremidades inchadas, mas naquele momento, quando a vi, levei um susto: estava toda vermelha, pescoço, braços, rosto, e dizia que não se sentia bem. Quando perguntei se ela havia ido à enfermaria, disse que sim, mas que tinham lhe dito que se ela estava andando e respirando, era porque estava tudo bem!

Estava mais que claro que ficar doente ali, bem como precisar de atendimento, era a morte em vida.

Após o banho, voltei para o quarto e mostrei a Angel minhas picadas e o inchaço da minha perna. Ela me deu uma pomada, mas ia ser difícil dormir naquela noite, me sentia exausta, estressada e com dor.

MÉDICO E A PRIMEIRA VIDEOCHAMADA

Acordei às 5h15 da manhã, seria um dia bem corrido com várias coisas para fazer, minhas pernas e pés estavam inchados, o bom que era meu dia de ver o médico e, logo seria medicada.

Sempre me levantava cedo, mas esse dia foi um pouco antes que o normal, pois era dia de inscrição de cursos, e havia escutado que os melhores cursos, que reduziam as penas com mais pontos, acabavam primeiro, obviamente. Arrumei-me rápido e fui para a fila, Joana já me esperava por lá e, mesmo sendo supercedo, a fila já estava gigante, me disseram que algumas pessoas já estavam lá desde às 4h30. Quando chegou a minha vez, já não havia muitas opções, e escolhi um sobre metas e objetivos.

O horário do médico se aproximava e fui para a enfermaria. Chegando lá, fiquei esperando por muito tempo e, quando chegou a minha vez, a enfermeira disse que já voltava, porque tudo que ela tinha de suprimento ali estava vencido, teria de buscar mais.

Após muito esperar, ela me chamou e a primeira coisa que ela fez foi colher sangue. A agulha era muito grossa, eu perguntei o porquê daquilo, ela disse que infelizmente era a única que tinha. Com um grito de dor e me sentindo mutilada, tive meu sangue tirado e, após isso, meu braço ficaria muito roxo e dolorido por dias e dias. Ela se desculpou com cara de piedade e disse que o doutor iria me ver em seguida.

Ele chegou, não olhou na minha cara, de costas, digitando no computador, foi anotando o que eu dizia. Contei que havia sido picada e que estava com a perna inflamada e coçando muito, ele nem sequer olhou e falou que me daria um remédio.

Devido ao meu histórico médico, me fizeram uma espirometria; a ineficiência e o descaso gritavam.

Antes de sair, expliquei à enfermeira sobre o meu problema na coluna e no joelho, e implorei por um travesseiro, porque estava sentindo muita dor na coluna. Ela me deu uma autorização para solicitar um travesseiro, pois isso era um privilégio para poucos, mas eu consegui.

Minha consulta acabou; ela disse que me chamariam para entregar o remédio para a inflamação da picada mais tarde, porém, isso só ocorreu 10 dias depois que eu já tinha melhorado. Parece piada, mas não é!

Passei na lavanderia para pegar o travesseiro, mas estava em falta, eu teria de esperar, quando chegasse, me avisariam.

Estava chegando o horário da minha visita por videochamada. Na expectativa de ver Carlos pela primeira vez após 25 dias, fui me arrumar, a unha tinha sido feita no fim de semana, fiz chapinha, passei maquiagem que eu havia comprado na loja com esse intuito, parecia uma criança ansiosa na espera de um presente. Estava pronta à espera da grande hora.

Fui a caminho da sala com 20 minutos de antecedência, pois as meninas já haviam me dito qual computador eu tinha de pegar, pois alguns não funcionavam bem. Então, para não correr o risco de ter minha visita perdida, fiquei lá na espera do meu horário, sentada na cadeira em frente ao computador desejado. Essa sala era também a de visitas de familiares, havia algumas máquinas de refrigerantes e doces inativas, e cinco computadores divididos por biombos pretos. Os computadores eram do tempo da arca de Noé e, para que escutássemos, tínhamos de pegar um telefone e falar por ele.

Para que Carlos pudesse se conectar, eu havia enviado um convite para ele por e-mail. Ele disse que tinha sido um tanto quanto complicado efetuar todos os passos para conseguir se conectar, a mesma coisa eu havia feito com a minha mãe, que não conseguiu fazer, mesmo Carlos tentando ajudá-la, não foi possível!

Eu estava na frente do computador com o coração acelerado, em contagem regressiva para vê-lo. Quando a tela abriu e eu o vi, foi emocionante para mim, me senti muito feliz, ele me filmou, disse que eu estava linda, mostrou nossos cachorros, algumas coisas que havia comprado para a casa e, num piscar de olhos, os 25 minutos estavam acabando e era hora de nos despedir. Ele disse que mandaria o vídeo à minha mãe e montaria um grupo com as minhas três amigas que sabiam o que estava acontecendo, mandando notícias minhas. Sentia-me muito grata por poder vê-lo; teríamos outra visita no próximo dia.

De volta ao meu quarto, comi algo e me arrumei para ir jogar. Lá foram minhas amigas e eu. De repente, quando estamos ali jogando, um grupo grande chega perto das quadras na área de recreação, as pessoas foram se distribuindo no espaço, algumas ficaram em pé, outra se sentaram em cima das mesas. Foi então que minha vizinha de quarto chega com uma enorme caixa de som e a música toma conta do campo. Música é vida, eu não escutava nada daquela forma há quase um mês, aquela cena me emocionou.

Era a primeira vez que eu via aquilo, muitas dançando igual, outras no estilo hip- hop, algumas até o chão e o sol baixando. Eu, timidamente, dancei um pouco de longe e várias me chamavam, eu acenava que não ia e elas, juntas, cantavam: *"Go Nina, go, go go Nina"*, e ríamos. Mesmo ali, no meio de tanta tristeza, quando a felicidade ou a luz entravam, não tinha treva que sobressaísse.

Era inacreditável, todo mundo dançando, rindo, feliz, diferentes tribos e pessoas, uma cena inesquecível. Naquele dia, me sentia feliz e em paz.

Quando bateu 20h30, cada uma foi para seu canto para esperar a contagem e se arrumar para dormir.

No dia seguinte, Jes, Blonde e Lis sairiam da quarentena, eu e minhas amigas estávamos super ansiosas para vê-las.

No caminho para o banheiro, encontro com DA, que tinha sido minha parceira de quarto. Ela me chama; disse que ficou sabendo que eu havia sido picada e me deu um remédio, falando que aquilo ia me ajudar a me sentir melhor. Li a bula e resolvi tomar. Às vezes, a ajuda vem de onde menos imaginamos. Ela não precisava gostar de mim, mas se solidarizou com a minha situação e foi empática.

Antes de dormir, fiquei sabendo que a senhora do banheiro tinha sido enviada para o hospital, sem forças e de cadeira de rodas. Que Deus a guarde!!

NEM TUDO É O QUE PARECE

Como de costume, me levantei e fui diretamente para o banheiro. Lá estava uma companheira de piso, limpando o banheiro para ajudar a senhora que estava no hospital. Essa mulher era bem baixinha, gordinha, um doce, tinha sido indiciada por tráfico humano, ela era um coiote, daquelas que atravessam famílias pelo deserto para entrar nos Estados Unidos. Pois é, não gosto nem de pensar, ela foi pega transportando as pessoas dentro de um compartimento na lataria do caminhão, imagine o que poderia ou o que acontecia nesses trajetos, triste demais. Ela tinha diabete e às vezes colapsava, vez ou outra saíamos correndo chamando as enfermeiras, que vinham apressadas com uma cadeira de rodas. Passado um tempo, quando estabilizada, ela voltava da enfermaria como se nada tivesse acontecido. Ela precisava de cuidados e deveria estar na unidade médica, mas diziam que não tinha espaço lá para aceitá-la.

Ofereci ajuda para limpar o banheiro, tempo eu tinha e sempre fui a louca da limpeza. Vi que ela limpava com água e sabão, não como a limpeza dos Estados Unidos que, normalmente, era varrer e passar pano, mas uma limpeza profunda. Então, na minha cabeça, poderia fazer um bom trato ali. Ela aceitou feliz, mesmo porque já tinha trabalho, então aquilo seria uma dupla jornada e, sem dúvida, em duas terminaríamos bem mais rápido. Animei-me, comecei a ajudá-la, fizemos uma boa dupla, terminamos, ela foi se arrumar para começar no trabalho.

Era perto das 8h30 da manhã e o banheiro já estava limpo, o dia começava e a rotina também.

Minhas amigas, que estavam na quarentena, foram transferidas para o campo e agora o grupo estava completo. Éramos eu, Joana, Kelly, Cris, Jes e Lis. Passamos o dia todo colocando o papo em dia.

Jes também era diabética do tipo 1, carregava uma bomba de insulina com uma cânula que deveria ser trocada a cada dois dias. O campo onde estávamos não tinha o suprimento dessa bomba e a família dela havia enviado para 30 dias, mas estavam quase acabando os suprimentos. No presídio, não se aceitava que a família enviasse mais, os administradores do campo diziam que logo mais receberiam os produtos necessários para ela. Em uma das trocas, infeccionou, ela sofreu bastante, mas esse não era o único problema dela, também era celíaca, o que agravava incrivelmente seu quadro de saúde.

Muitas vezes, na quarentena, as pessoas da cozinha não achavam nada que fosse livre de glúten, e mandavam uma marmita com casca de pepino, não era pepino, era literalmente a casca, sem nenhuma proteína para acompanhar. Nunca entendi se a cozinha não se importava e mandava qualquer coisa para dizer que ela recebeu comida ou não tinha acesso a nada naquele dia. Também estava claro que quem administrava a cozinha não tinha nenhuma instrução sobre quais alimentos uma pessoa na situação dela podia ou não comer; me arrisco a dizer que não sabia nem o significado da palavra glúten e a seriedade de ter diabetes do tipo 1.

Jes estava sempre de bom humor e acreditando que algo bom ia acontecer. Chegou toda contente, contando que a irmã havia ido visitar o governador do estado para reclamar da comida que era servida para Jes, ou não servida, e da falta de suprimento para a bomba de insulina; prometeram que iriam abrir uma sindicância. Uma pessoa que escutava a conversa disse que ela tomasse cuidado para não sofrer represálias. Mal sabia Jes o que estava por vir!

Se realmente tomassem alguma atitude, isso poderia ajudar muitas pessoas. Kelly minha outra amiga, era alérgica a glúten e soja, ela vivia com as extremidades inchadas e a pernas enormes, parecia que tinha elefantíase.

Eu finalizei o curso que, supostamente, me traria benefícios. Ao completá-lo, me disseram que devido ao fato de minha sentença ser curta, eu não tinha direito à diminuição de dias por pontos, ou seja, só perda de tempo; como sempre, as coisas nunca eram bem explicadas e íamos aprendendo dia a dia.

Eu estava prestes a cumprir 30 dias presa e minha advogada disse que poderíamos entrar com um recurso junto à juíza pedindo que eu fosse para casa. Confesso que não tinha muita confiança de que isso pudesse funcionar, mas o não eu já tinha, não custava tentar.

Quanto mais os dias passavam, mais me dava conta de que lá dentro nada podia e TUDO acontecia.

Minhas vizinhas transavam no banheiro toda a noite depois da contagem, cigarro rolava solto, drogas estavam presentes por contrabando ou, então, pessoas que conseguiam que os médicos receitassem drogas lícitas, como calmantes, ansiolíticos, vendiam em troca de produtos da loja para as "Marias droguinhas", que tomavam em excesso.

A sensação que eu tive de ver pessoas cambaleando logo que me liberaram no campo não era coisa da minha cabeça, muitas mulheres viviam drogadas, fora de órbita e outras bêbadas, sim, bêbedas! Elas fabricavam sua própria bebida que se chamava Hooch. Obviamente, não cheguei nem perto, mas me explicaram como era feita: usavam pão embolorado, frutas e açúcar, deixavam isso em algum lugar escondido por dias até que acontecesse a fermentação, se transformasse em álcool e pudessem beber.

No fim de semana, um dos prédios virava Sodoma e Gomorra, as coisas que escutávamos que aconteciam lá eram inacreditáveis. Sexo, drogas e rock-and-roll, literalmente.

Algumas pessoas ofereciam coisas que não podiam nem tinham dentro do campo para vender, como: queijo muçarela, azeite, suco de limão, esmaltes de cores diferentes, manteiga, alvejante, deixavam muito claro que se eu precisasse de algo era só pedir e que tudo tinha um preço. Eu nunca comprei nada e, se via algo errado, passava longe, não queria correr o risco de estar na hora errada, no lugar errado.

Logo que entrei no campo, as filas para os telefones eram gigantes e demorava um bom tempo para poder ligar, mas de repente as filas foram diminuindo, eu não entendia o motivo, mas logo vi que a razão era porque o campo estava lotado de telefones celulares. Com o tempo passando, as pessoas que tinham celulares estavam ficando mais confortáveis com o uso deles e menos cautelosas também.

Eu, muito curiosa que sou, descobri que elas compravam os telefones celulares por 500 dólares, dividiam entre duas ou três, e vendiam os minutos para as outras presas. Tudo era pago com produtos e comida da loja.

Tudo que fosse contrabando era proibido, o que incluía álcool, dispositivos de comunicação, drogas, apetrechos para drogas, equipamentos de tatuagem, armas, comidas e utensílios que não eram vendidos etc.

Muitos dos contrabandos chegavam pelas dependências do campo, os famosos "drop" (derrubar) aconteciam na calada da noite: alguém entrava pela mata e deixava as encomendas para quem fazia a distribuição lá dentro; imagine você que combinavam o local pelo telefone. Todo mundo que estava lá dentro sabia que funcionava assim, mas ninguém sabia ao certo que eram as mandachuvas.

Às vezes, aleatoriamente, um guarda parava em frente a um cubículo e pedia para que a pessoa abrisse as portas dos armários a fim de verificar se não tinha nada ilegal lá, isso nunca aconteceu comigo, mas vi algumas vezes.

Os armários da maioria das pessoas ficavam fechados o tempo inteiro, pois tinham medo de que alguém colocasse alguma coisa proibida na tentativa de se safar de algo, então, era melhor não correr riscos.

Tinha uma palavra que gerava pânico: *shakedown*, que significava que todo mundo ia ser revistado. A grande maioria entrava em pânico quando ameaçavam fazer um e saía muita gente correndo com pertences para serem escondidos. E, acredite, elas podiam ser bem criativas! Escondiam atrás de placas de metal, no teto do banheiro, enterravam, dentro de locais da academia e armários que eram de uso comum.

As ameaças passaram a ser constantes, mas por enquanto não passava disso!

ROTINA

Os dias e as horas passavam, e as coisas se repetiam. A cada dia, me familiarizava mais com tudo, meus primeiros 30 dias já haviam passado e eu era oficialmente a pessoa responsável pelo banheiro, pois a senhora que o limpava não voltou, estava internada na UTI de um hospital. Aquela vermelhidão que ela tinha por todo o corpo era uma infecção silenciosa no sangue e, possivelmente, se ela demorasse mais uma noite para ir para o hospital, não teria aguentado. Imagine que todas que estamos ali somos "propriedade da secretaria de prisão", exatamente assim que se referiam a nós, como uma propriedade, e ela por estar internada e ser uma presidiária não podia receber visita nenhuma, a família mal conseguia ter notícias dela. Não quero nem imaginar o que foi passar por isso. Rezava muito por ela, e esperava vê-la fora de perigo e saudável logo.

A priori, não ofereci ajuda para limpar o banheiro com a intenção de ficar com o emprego, mesmo porque achava que ela voltaria. Queria realmente ajudar a outra menina que já tinha emprego e problema de saúde; por fim, passados alguns dias, eu passei a fazer sozinha a limpeza, limpava o banheiro maravilhosamente bem.

Então, minha rotina passou a ser acordar e limpar o banheiro, das 7h30 às 9h30 ele ficava interditado. Jogava água até nas paredes, limpava as placas de aço de dentro dos chuveiros com o meu sabão de lavar louça, porque removia toda a gordura do corpo; tínhamos alguns produtos de limpeza com a função de esterilizar e eu comprei um xampu bem baratinho, o qual jogava um pouquinho no chão, para fazer sabão e ficar com um cheiro gostoso. Secava tudo perfeitamente, colocava tapetes que, na verdade, eram toalhas velhas na porta da entrada dos chuveiros; finalizava o vidro com um absorvente feminino, que limpava um vidro como ninguém, e com ele retirava os resíduos de pelo dos ralos: tudo estava perfeito, banheiros abertos para que fossem utilizados.

Após dias e dias fazendo isso, fui conversar com a senhora Cristina para me colocar na função e ela disse que não, porque a senhora que estava no hospital voltaria logo mais. Não era o que eu gostaria de escutar, mas paciência, era a chave, era algo em que estava ficando craque, enquanto isso, continuava limpado perfeitamente o banheiro, a ponto de várias pessoas virem me dar os parabéns. Sempre parti deste princípio:

não importa onde você esteja, quem esteja vendo, o que quer que esteja fazendo, sempre faça o seu melhor.

A senhora Cristina era bem austera, mas na verdade eu tinha pena dela, era a única para dar conta de quase 180 mulheres a essa altura. Em uma conversa amigável, ela disse que estava a ponto ter um colapso nervoso. Claro que eu não tirava sua razão, muitas mulheres juntas, muito mais drama, e cada uma com a sua causa urgente, tudo, desde uma distribuição de papel higiênico até um documento importante, passava pelas mãos dela.

Alguns dias depois, fizeram um anúncio de que iriam revistar todos os colchões, colchões rasgados iriam ser trocados, e cada colchão teria o número da dona, porque, se algo acontecesse, ela poderia ser responsabilizada e receberia um *shot*. Nunca nos explicaram o porquê daquilo, mas para bom entendedor meia palavra basta: sem dúvida, colchões rasgados serviam como um perfeito esconderijo, não é?

A senhora Cristina entra no meu quarto para ver meu colchão e me diz: "*Senhora Nascimento, amanhã a senhora começará na cozinha e, com o seu currículo, em um mês você pode aplicar para trabalhar no Unicorn*". Então, lhe disse que não poderia aplicar para o Unicorn porque, em um mês, estaria indo embora dali; se ela fosse me colocar na cozinha, a partir do dia seguinte, que ela se lembrasse de que teria de colocar alguém para o banheiro que eu estava limpando por mais de 20 dias como voluntária, porque senão a situação ali iria sair de controle. Ela saiu do quarto, deu dois passos, parou e me perguntou se eu queria ficar com o banheiro. Eu, tentando não mostrar felicidade, disse que sim e agradeci. Se pudesse dava um abraço nela! A assombração da cozinha tinha acabado de me deixar em paz.

No meu trabalho, uma vez por semana, com as outras meninas, tínhamos a mesma função, que era ir buscar produtos para reabastecimento, como papéis higiênicos, sacos de lixos, produtos de higiene e limpeza para todos os prédios e fazer a distribuição. Algumas pessoas não estavam muito felizes de me ver ali, era considerada por elas "privilegiada", com essa rotina com tão pouco tempo no local. Eis que estamos no dia de distribuição de produtos, separando-os, e entra no prédio uma das maiores autoridades do presídio; uma presidiária começa a gritar loucamente, dizendo que o banheiro estava nojento. Eu não sabia o que fazia, não conseguia falar nada, aquela cena era surreal e ela gritava descontrolada, daí que aparece DA para me salvar pela segunda vez. Grita com a mulher e a manda calar a boca, diz que ela estava mentindo porque queria meu emprego, e que o banheiro nunca havia estado tão limpo; se durante o dia ficava sujo, que cada uma limpasse suas "merdas", porque eu não era boba de ninguém. E ainda finalizou dizendo que não gostava muito de mim, mas que o que era certo tinha de ser dito. Todo mundo saiu, ninguém falou nada e o show acabou!

Naquele dia, várias pessoas foram até mim me parabenizar pelo banheiro, dizendo que eu não me preocupasse, pois algumas queriam meu trabalho e estavam fazendo aquilo para tentar me tirar de lá, mas que isso não aconteceria. Fiquei tranquila, sabia que ninguém limparia aquele banheiro melhor que eu.

De fato, tinha bastante tempo livre, pois eu trabalhava por mais ou menos uma hora e meia, e tinha o dia inteiro para ler livros, me autoanalisar, ler a Bíblia, fazer estudo bíblico, treinar e jogar *pickleball*. Tentava ficar o menor tempo possível dentro do meu quarto, pois além do barulho, estava tendo problemas com a minha vizinha de quarto.

Ela e a namorada viviam juntas, ela no beliche de cima e a namorada no de baixo. Porém, devido ao fato de a namorada não ter problemas de saúde nem ter autorização para a cama debaixo, transferiram-na para o cubículo da DA e colocaram uma senhora com ela para utilizar a cama de baixo. A que vivia na cama de cima começou a se fazer de doente e vivia na enfermaria, começou a fingir que estava com dificuldades para andar, passando a usar cadeira de rodas. Todo esse show era com o intuito de receber uma autorização para ficar com a cama de baixo, a senhora seria retirada de lá e a namorada voltaria para a cama de cima. Ela parecia estar morrendo no horário de expediente; assim que o escritório fechava, saía da cadeira de rodas e agia normalmente, como se nada estivesse acontecendo. Devido a esse problema, ela não trabalhava e passou a trocar o dia pela noite: em vez de dormir, ficava até muito tarde na sala de televisão e depois dormia o dia todo. Como eu comentei, o barulho era intenso e não parava, mas o meu cubículo, que era parede com parede com o dela, era o único que a incomodava, certamente porque eu era a que aparentava ser mais frágil, talvez até boba, então ela queria tirar vantagens. Não podia acender a luz, receber ninguém no meu quarto para conversar porque a incomodava, ela gritava nomes feios, aquela situação foi me tirando do sério de tal forma que estava difícil de me controlar. Ela, sem dúvida, me via como uma presa fácil para destilar seu veneno e raiva. Aquilo foi tirando não só a minha "privacidade", que não existia, mas também a minha paz. Até que decidir ir falar com a namorada dela, que parecia uma pessoa centrada e calma. Então, expliquei-lhe que estava insustentável toda aquela situação, que ali não era um hotel cinco estrelas, eu também morava ali. Ela ficou de falar com a namorada e, por alguns dias, as coisas melhoraram. Até que um dia, em um sábado, uma amiga estava no meu quarto por volta das 10 da manhã e ela chutou o beliche com toda a força. Aquele barulho ecoou por todo o andar, ela gritou e aí eu perdi a linha. Fiquei possuída, pulei do meu beliche e fui até ela já gritando, dizendo: *"sua lésbica de merda, fingida, se você acha que vai montar cavalo em mim e fazer o que quiser, está muito enganada! Não venha jogar sua frustação em cima de mim, a partir de agora vai vir no meu quarto quem eu quiser, na hora que eu quiser e vou abrir a janela às 7 da manhã. Se não estiver contente, peça para mudar, mas você não vai tirar a minha paz; não pense que por eu ter cara de boa, sou tonta. Não estou aqui por acaso!".*

Sim, eu me descontrolei, e saía fogo dos meus olhos! Paciência tem limite! Quando viro para ir em direção ao meu quarto, estavam todas me olhando e as mais próximas vieram me dizer que eu falei o que muita gente queria, pois ela estava passando do limite com todos fazia tempo.

Depois que a raiva passou, eu e minhas amigas nos divertimos por eu ter dito a ela *"não estou aqui por acaso"*. Após isso, ela nunca mais olhou para mim e sempre que me cruzava, nossos olhos iam para baixo. Não existiu mais nenhum confronto, eu não fiz tudo que havia dito e ela passou a respeitar mais o meu espaço.

Passadas algumas horas, fui chamada no megafone e logo pensei que estava ferrada, que tinha me metido em problemas, me dariam um *shot*. Fui até a sala da senhora Cristina, bati à porta e entrei. Ela estava com um papel na mão, me entregou e disse que minha solicitação para cumprir o resto da pena em casa havia sido negada, falou que eu poderia recorrer. Saí de lá com várias pessoas em cima perguntando o que tinha acontecido, mais uma frustação no meio de tantas.

Um dia, conversando com uma senhora que estava lá há oito anos, contei que escreveria um livro sobre a minha experiência. Ela fez um comentário que me fez parar para pensar por alguns segundos: *"Você vai ficar aqui no máximo seis meses e acha que já dá para escrever um livro?".*

A conclusão a que eu cheguei era de que na prisão a rotina era sempre a mesma todos os dias: os dramas, a indiferença humana e as confusões eram sempre as mesmas, o que mudava eram as frustações pessoais que cada uma tinha na sua jornada naquele lugar.

Sentia-me muito frustrada, mais uma petição negada, paralelamente a isso, minha advogada já havia enviado uma solicitação para a juíza, que supostamente poderia ser feita somente após eu estar lá por 30 dias, pedindo para que eu cumprisse o resto da minha pena em casa. Os 25% da minha sentença significavam 45 cinco dias, essa data também se aproximava e eu não recebia a data em que sairia de lá. Meu coração estava apertado, me sentia triste e não podia deixar a peteca cair, ali eu tinha de ser forte. Fragilidade eu poderia mostrar quando voltasse para a casa e fosse cuidada.

Um dia, conversando com Carlos via vídeo, ele me disse que eu parecia feliz lá. Na verdade, minha capacidade de resiliência sempre foi gigantesca, sou adaptável, maleável, minha coragem e sede de vida me ajudam a superar os obstáculos para que eu continue no caminho dos meus objetivos, e ali não seria diferente.

Não que eu não caísse ou não me entristecesse, mas não permitia que a minha dor fosse maior que a minha resistência, persistência e perseverança.

CARTA PARA MIM

Dentre meu arquivo pessoal, encontro a seguinte carta:

Não me sinto bem hoje, sinto muitas saudades das pessoas que amo e tenho muitas perguntas sem respostas.

Como você permitiu que isso acontecesse e a trouxesse aqui? O que você poderia ter feito de diferente? Onde você pode melhorar? O que você está aprendendo?

Você estava bem, tinha tudo e o dinheiro só multiplicava, não comprou grandes coisas e reinvestia tudo, todo seu suado trabalho e esforço estão esvaindo-se. A única certeza que tenho e de que daqui a seis meses tudo acaba, e a garantia de que estarei fora daqui em agosto só existe na sua cabeça por enquanto, mas não se esqueça de que isso teve um começo, está no meio e vai ter um fim. A sua história não é sua dona, ela lhe pertence!

Como transformar este momento da minha vida em vitória? O que espero quando sair daqui? Quais passos quero seguir?

Mais importante que saber o que quero é saber o que não quero; seja lá qual for meu carma, pão da vergonha, castigo, eu digo e confio que nada mais me faltará e que a minha vida será repleta de bênçãos. Eu já fiz muitas coisas na vida e vou recomeçar novamente com a certeza de que tudo vai funcionar e de que eu vencerei, coisas lindas me acontecerão saindo daqui e estarei pronta para fazer acontecer.

Não deixe que isto seja em vão e lembre-se: você foi tirada do mundo e está numa bolha onde os problemas externos deixaram de existir, mas o mundo lá fora continua acontecendo e você terá que ter calma.

Busque aprimorar seus sentidos para sair daqui um ser humano melhor: melhor filha, melhor esposa, amiga, mais amável, menos critica com você e com os outros, mais leve, pense mais, aja menos e humanize as pessoas, porque cada qual sabe o fardo que carrega.

Seja gentil com você!

Eu te amo, sinto muito e eu a perdoo.

Janaina

POPULAÇÃO AUMENTANDO E OS PROBLEMAS DO CAMPO TAMBÉM!

A cada dia que passava chegavam mais pessoas, o prédio que estava desabitado e fechado tinha virado prédio de quarentena, e o local onde eu estava na quarentena já estava sendo usado para o público geral. Tinham chegado algumas figuras um tanto quanto curiosas, até uma mulher que viria para cuidar da tesouraria do setor de Unicor que havia matado seu filho de fome, deixando-o numa gaiola de cachorro, enquanto ela jogava videogame.

Aquele ditado que diz: "quem vê cara não vê coração", nunca fez tanto sentido para mim. A grande maioria das mulheres tinha cara de tranquila e de quem não fazia mal para uma mosca. Havia até uma senhora com cara de vozinha que dava vontade de pedir para que nos adotasse; conversamos um montão, sempre dizia que adorava ficar perto da nossa turma, porque sabia que éramos boas e ela não gostava de se envolver com "material da prisão". Um dia, inocentemente, perguntei o que tinha acontecido com ela; gabou-se contando que já estava presa há muito tempo por ser assassina de aluguel, que havia chegado ao campo há dois anos e que, em mais alguns, estaria fora dali.

Ela parecia ser tão doce, e por livre e espontânea vontade começou a contar que, na época, fazia parte de uma das piores gangues de Chicago; que já tinha trabalhado para grandes lobistas, empresários, pessoas do governo; e que com ela não tinha enrolação, trabalho dado era trabalho cumprido. Foi uma loucura vê-la contando aquilo tudo e, aos nossos olhos, ela ia se transformado da vovozinha indefesa para uma assassina fria e cruel. Ela foi dando lugar à sua outra personalidade, e começou a falar gírias, os olhos ficaram diferentes: a vozinha decididamente não existia naquele momento.

Nós estávamos num estudo bíblico e nos entreolhávamos chocadas com que escutávamos, como se fosse Clarice Lispector escutando que Hannibal gostava de carne humana.

A minha intenção ao escrever o livro sempre foi a de humanizar as pessoas, mas confesso que em algumas situações era muito difícil.

Um dos acontecimentos da semana era o dia de fazer compras, no qual era normal ver todo mundo comendo todo o sorvete do pote às 7 da manhã: vendiam sorvete, mas não tinha onde guardar, então em dia de compras, esse era o café da manhã da grande maioria.

As compras estavam cada vez mais difíceis de serem feitas, faltava tudo e a justificativa era de que estavam fechando o trimestre e faltava verba, mesmo com os dados do governo dizendo que os mercados dentro de prisões de todo o país movimentam mais de 5 bilhões de dólares.

A essa altura, eu já comia um pouco melhor, em poucas quantidades, mas melhor. Uma de minhas amigas trabalhava na cozinha e tinha algumas regalias, quando dava, trazia algo para compartilharmos, ela cozinhava com ferro como ninguém. Nossas comidas preferidas eram: *tortilla* de frango; *tortilla* de atum; queijo com *nachos*; e arroz com frango ou atum.

Algumas meninas faziam alguns doces incríveis e, muitas vezes, nos reuníamos para fazer uma "festinha" de comes e bebes, com refrigerante.

Impressionava-me a capacidade de adaptação do ser humano e, no caso da prisão, quanta criatividade com tão poucos recursos! Não só na comida, mas também muitas delas eram extremamente talentosas com serviços manuais.

Recentemente, havia sido o aniversário de Kelly e pagamos para que fosse feita uma decoração no seu cubículo, que poderia ficar lá de sexta a domingo à noite. Reunimo-nos para fazer um "jantar", dançamos, rimos e, mesmo lá dentro, seu aniversário foi festejado com muita alegria. Felicidade é uma escolha, e essa era minha escolha todos os dias.

Obviamente que havia dias em que me sentia triste, mas tentava despistar com outras coisas e sempre repetia mentalmente: "O tempo é seu bem mais precioso, mesmo aqui não desperdice".

Com o aumento da população carcerária, passamos a ter revista às vezes na fila saindo do refeitório. Algumas pessoas pegavam carnes, frangos e colocavam em saquinhos, punham no bolso escondidos para levar para seus dormitórios a fim de fazer suas próprias comidas, isso era proibido; então, dizia-se que a revista era para evitar que isso acontecesse, mas para mim, tinha algo oculto nisso.

Até que em um dia, nosso horário de almoço atrasou muito, coisa que nunca havia acontecido antes, foi então que vimos umas das presas saindo escoltada por oficiais. Não sabíamos o que havia acontecido, mas imaginamos que ela tinha tido problemas com drogas, porque andava muito drogada pelos corredores; ficamos sabendo que andou até caindo pelo campo. Ela foi levada para a administração e, quando saiu de lá, estava com os pés e as mãos algemados, a caminho de outro presídio para ficar na solitária por 30 dias; perdeu o status de campo, depois da solitária, ela ficaria atrás das grades em um presídio de segurança média.

Ela havia recebido uma correspondência e a carta estava com cocaína. Isso era feito da seguinte forma: a pessoa que enviou a carta molha a folha na droga líquida, espera secar e quem receba fuma. Ou seja, detectaram a carta com droga, deixaram-na usar e pegaram-na no teste. Ela seria indiciada novamente!

Que triste presenciar que ela sairá em algum momento da prisão e sem dúvidas será o tipo de pessoas que irá voltar, isso faz parte da vida dela. Ela é adulta e sabe das consequências dos seus atos, mas também penso que precisa de ajuda para lidar com as drogas. Os programas para drogados deveriam ser mais efetivos, mas não tinha no campo onde eu estava, por ser um "campo novo, estava tudo desorganizado e atrasado, e faltava verba".

O bochicho de o campo estar enfestado de celular corria solto e já haviam feito *shakedown* em um dos prédios naquela semana; duas pessoas tinham sido pegas e enviadas para a solitária. Eu sempre acabava sabendo das coisas depois, mas nesse dia estava no meu horário de trabalho lavando o banheiro, que estava totalmente inundando. Uma pessoa entrou correndo pedindo desculpas e se fechou em uma das cabines do banheiro, vi que algo muito estranho estava acontecendo; quando vejo, ela tinha subido no vaso, aberto uma chapa do teto e saiu falando que tinha escondido um telefone na vagina. Só de pensar me dá mil tipos de arrepios; mais pessoas corriam de um lado para o outro na tentativa de esconder seus contrabandos. Os oficiais não chegaram a entrar em nossas unidades e levaram as outras meninas para a solitária, que era em outra cidade.

DIAS DIFÍCEIS

Eu acordei e fui ao médico esperar para ser atendida. Fazia dias que eu estava com o que parecia uma espinha abaixo da bunda, e que vinha ficando cada dia mais dolorida; já estava soltando pus, achava que deveria ser uma picada de aranha. Umas das presas que era médica já tinha visto e me falado que poderia ser isso ou MRSA, uma bactéria absurdamente contagiosa! Quando chego lá, encontro várias mulheres com os mesmos sintomas, antes mesmo de sermos atendidas, já sabíamos que nossa colega médica estava certa. Algumas das meninas tinham mais de uma erupção no corpo.

A fila do médico só foi aumentando, todas recebemos naquele dia antibiótico e pomadas.

Saindo de lá, encontro com Jes: estava desesperada, dizendo que estava sendo transferida para um presídio de unidade médica, ela tinha dito que não o fizessem, mas avisaram que já havia sido iniciado o processo e ela iria embora naquela manhã.

Sem dúvida, ela estava causando muito barulho; já tinha sido avisada de que havia começado uma investigação vinda da parte do governador da Flórida em virtude da falta de comida adequada para seu problema de saúde, investigação essa que já tinha sido finalizada, pois o campo respondeu que as medidas devidas já haviam sido tomadas, enquanto ela continuava tendo uma dieta pobre ou às vezes sem nada para comer.

O governador havia agendado uma visita ao campo e isso não era nada bom. Com ela sendo transferida para outro estado, o processo investigativo acabaria.

Havia pessoas esperando para serem transferidas para a unidade médica há muito tempo e nada acontecia, algumas até anos. Jes havia chegado há pouquíssimos dias e já estava a caminho.

Ela foi avisada para arrumar as coisas, pois sairia naquele dia. O telefone foi cortado e ela nem sequer conseguiu se comunicar com a família; separou todas as suas roupas, colocou o uniforme, doou todas as suas preciosas comidas compradas na loja e foi em direção à administração, onde iriam dar os papéis da transferência para ela assinar. Ali com os pés e mãos amarrados se iniciaria, então, uma longa, assustadora e desconhecida viagem até o destino final.

No meio da tarde, foi feita uma convocação para que todas as mulheres estivessem fora de suas unidades, porque haveria uma reunião de emergência.

A reunião era para dizer que estávamos com uma "suspeita de MRSA" e que todas as pessoas deveriam entregar suas roupas de cama e roupas em geral para lavar, pois seriam lavadas de uma forma diferente, juntando menos as roupas, a fim de evitar qualquer proliferação.

Ter mais de dois cobertores era considerado uma infração. Nessa reunião, os administradores deram suas palavras que quem tivesse mais de um cobertor não seria punido, mas que, por favor, entregasse tudo para que fosse lavado. A operação lava tudo começou logo após a reunião.

Estar numa prisão não é algo fácil, estar em uma prisão no meio de uma pandemia era algo sem precedentes, isso nunca havia acontecido! Os jornais estavam alarmantes, a variante Delta, altamente contagiosa e perigosa, estava se alastrando em uma velocidade gigantesca; mais dia, menos dia chegaria ali. Pensar nessa possibilidade era altamente assustador.

Tínhamos a sensação de que estavam nos escondendo coisas, os funcionários estavam reduzidos, faltava mão de obra, pelas estatísticas do campo, menos de 50% dos oficiais estavam vacinados, a rotatividade de pessoas era gigantesca.

As meninas que tinham chegado ali transferidas estavam apavoradas, elas tinham chegado do presídio de Coleman, o qual tinha sido um dos que tiveram o maior índice de infectados por covid-19 no país; quando o vírus entrou lá, se alastrou rapidamente. Elas contavam como foi difícil, ninguém sabia como administrar, chegaram a ficar meses trancadas e pessoas morreram. O cenário estava alarmante, não existia álcool em gel no campo, as condições de higiene eram precárias, a única forma de nos protegermos era usando máscara, além de fé em Deus!

Em meio ao caos da bactéria MRSA, medo da covid-19, fomos avisadas de que trariam um programa de treinamento de cachorros para o campo e quem tivesse interesse que se inscrevesse no programa; se aceita, seria a tutora do cachorro do começo ao final do treinamento.

Eu pensei que seria maravilhoso, mas não me qualificava devido ao tempo em que estaria ali, teria de ser uma pena acima de 10 anos; ainda bem que eu não me qualificava. Mas deve ser bem difícil participar desse programa, cuidar do animal por tantos meses, dormir junto, treiná-lo e, quando estivesse treinado, vê-lo ir embora e ficar sozinha de novo.

Tinha sido um dia difícil e agora a tristeza me invadia... Chamei Carlos muitas e muitas vezes e nada de ele atender. Até que, no final do dia, quando atendeu, perguntei o que havia acontecido, ele me tratou bem secamente, disse que tinha ido à praia e esquecido o telefone. Quantas vezes fomos à praia, nos demos conta de que havíamos esquecido o telefone e voltamos para buscar... Tinha certeza de que ele estava mentindo. Desliguei o telefone com um nó na garganta, coração palpitando e uma tristeza sem tamanho; dormi chorando. Sentia que algo não estava certo, que algo estava acontecendo, ele já não era mais amoroso no telefone, sempre frio e, até o momento, eu achava que Carlos estava sofrendo devido a tantas frustações. Também achei que deveria estar acontecendo coisas no processo civil e, por eu estar ali, ele estava vivendo tudo sozinho, não dividia nada para não me fazer sofrer mais. Mas naquele dia, senti que esses motivos pelos quais eu justificava o jeito dele só eram para eu me enganar. O pior cego é aquele que não quer ver!

CASA À VISTA

Eu já havia cumprido os 25% da minha pena, qualificava-me para o ato de cuidado do governo e o agente de liberdade condicional já tinha visitado a minha casa.

A função do agente de liberdade condicional era ir visitar a casa para estar certo de que eu estaria em um local seguro, preparado para me receber, e que tivesse uma linha de telefone fixa para que eu pudesse ser monitorada. Isso já havia sido feito, a casa aprovada e o agente disse que tinha enviado um e-mail para a Black Soul que, obviamente, havia ficado bem caladinha; se podemos dificultar, por que não, não é? Assim, se Maomé não vai até a montanha, a montanha vai a Maomé.

Fui falar com a Black Soul para avisar que a minha casa na Flórida já havia sido aprovada (ela tinha dito que poderia demorar seis meses) e para perguntar se ela tinha alguma novidade sobre a minha data de saída.

Ali, na sala de espera, eu esperava ansiosamente para ser atendida, até que me deram permissão para entrar na sala. Pedi licença e perguntei se poderia sentar, ela disse que não, que eu ficasse em pé, encostada na parede. Só com aquela atitude eu já via que ela não ia facilitar minha vida em nada.

Quando disse que minha casa estava autorizada, ela falou que não tinha recebido nenhum e-mail, não havia nada que pudesse fazer. Aproveito para dizer que não tinha cópia do meu pagamento de restituição (indenização total ou parcial por perdas pagas por um criminoso a uma vítima que seja ordenada como parte de uma sentença criminal ou como condição de liberdade condicional) e que ela precisava de uma cópia, Black Soul tinha acesso a esse documento, era só imprimir. Pedi para ela imprimir, obviamente ela imprimiu o que estava na data que antecedia o pagamento, agora eu teria de resolver isso com a maior agilidade possível.

Sai de lá pisando duro: não tinha a minha data; ela dizia não ter o e-mail; e agora eu precisaria pedir uma cópia de algo que estava no computador dela para a minha advogada, que fosse colocado no correio e enviado para mim o mais rápido possível, mesmo sendo rápido, não chegaria para mim nos próximos 10 dias.

Frustrada, com raiva e à beira de ataque de nervos, liguei para Carlos, expliquei o que havia acontecido para que ele me ajudasse. Prontamente, ligou para o agente de liberdade assistida para saber que dia ele enviou o e-mail e para quem. Pois bem, ele me enviou uma cópia do e-mail e tinha sido diretamente para Black Soul. Também ligou para a minha advogada para conseguir uma cópia do documento, no qual dizia que eu havia pagado tudo o que devia e, no mesmo dia, ele colocou no correio.

Nós tínhamos acesso aos e-mails internos dos empregados da prisão e de toda cadeia hierárquica. Então, enviei um e-mail para Black Soul com cópia para todas as pessoas com cargos acima dela e a todos os subordinados, explicando o que tinha acabado de acontecer, falando da data errada de impressão do documento e da alegação de que ela não tinha recebido o e-mail.

Pois bem, estava mais que claro que ela não gostava de mim, queria que minha vida ficasse impossível, mas eu ia fazer tudo que tivesse ao meu alcance para ter a minha data o mais rápido possível.

Passados uns dois dias após o e-mail, fui chamada por ela mesma e, enfim, recebi a minha data. Obviamente, ela não estava feliz em me dar a data, mas a secretária dela abriu um sorriso e fez joia sem que ela visse, comemorando. Honestamente, esperava sair antes, mas a data que me deram era dia 25 de agosto, eu entraria em quarentena no dia 5 de agosto, pois exigiam 21 dias de quarentena para sair do campo.

Voltei emocionada e pulando pelo campo como uma louca, várias pessoas estavam fora e de longe me perguntaram se me deram a data, acenei que sim e algumas que gostavam de mim começaram a bater palma.

Estava muito feliz, liguei para Carlos e minha mãe, eles ficaram muito felizes por mim também, fiquei contando os dias para ir para a quarentena, mas estava apreensiva, porque tinham dito que na prisão de segurança média já havia casos de covid. Disseram que se isso acontecesse, teria *lockdown*, o que significava que ninguém entraria no campo ou sairia dele.

As outras pessoas que chegaram comigo também receberam suas datas alguns dias depois. Os dias foram passando, a ansiedade aumentando e a rotina era a mesma de sempre. A quarentena estava mais flexível e, no fim de semana, todos que estavam na quarentena iam para todos os lados, porque um dos prédios que tinham sido ativados ficava ao lado do da quarentena, então os guardas que estavam trabalhando não sabiam quem era quem, ficávamos todos juntos e misturados.

Eu estava por me despedir do meu trabalho e existia uma grande preocupação de quem assumiria meus afazeres, mas antes de ir eu fui até a senhora Cristina, expliquei que as portas e os batentes do banheiro estavam todos corroídos pelo tempo e enferrujados. Disse que, se ela me permitisse, pediria tinta para o pessoal da manutenção e pintaria o banheiro. Ela me permitiu, consegui a tinta e pintei todo o banheiro.

No ato de pintar, em diferentes momentos, algumas pessoas entravam e agradeciam por aquilo, mas um número expressivo me pergunta o porquê de eu estar pintando o banheiro, sendo que eu não estava sendo paga para fazer isso.

Para as que eu tive oportunidade, respondi: "*Você se sente melhor neste banheiro? É muito melhor tomar banho num banheiro assim, não é?*". Todas responderam que sim, então eu expliquei que não era sobre dinheiro, mas sobre ajudar o próximo e ser solidária!

Fiquei feliz em poder fazer aquilo, o banheiro se tornou um lugar mais agradável, pude contribuir para que aquele local fosse um pouco mais aconchegante.

O tempo foi passando e, um dia antes de eu ir para quarentena, fizeram uma festa para mim com comida mexicana, me deram um cartão lindo que irei guardar para sempre com muito carinho.

Algumas assinaturas do cartão:

Nina

Eu me sinto superabençoada de conhecer você e criar tamanha amizade em um dos lugares mais inesperados do mundo. Você foi enviada por Deus para cá e eu não sei o que faria sem você. Vou sentir saudades, minha parceira de *pickleball*, companheira de cartas, rainha de malhar bunda e perna e, também, do seu grande sorriso que esquenta o coração de todos. Eu mal posso esperar para sair com você fora daqui e conhecer o incrível Carlos. Cozinhar uma para outra e viajar de Los Angeles à Turquia juntas. Por favor, continue em contato quando estiver fora, você fará muita falta.

Com amor,

Kelly.

Nina

Você é linda por dentro e por fora, que Deus a abençoe. Você tem sido uma grande benção em minha vida, você trouxe alegria para a minha vida novamente.

Obrigada,

Angel.

Nina

Menina, que prazer de conhecer alguém como você, tão especial. Verdadeiramente, você tem uma luz que brilha muito forte dentro da sua alma. A sua risada é contagiante e vou sempre me lembrar de nós na quadra de *pickleball* quase fazendo xixi na calça de tanto rir. Continue jogando, você é uma jogadora sensacional. Amo você, menina!!

Blonde

Nina

Sou muito agradecida a Deus ter tê-la colocado neste capítulo da minha jornada. Eu chorei e ri muito com você. E as memórias que nós construímos juntas não têm preço. Tenho certeza de que vou sentir sua falta, mas teremos muito tempo para estarmos juntas em videochamada tomando um vinho. Te amo e sentirei saudade.

T.

Nina

Foi um prazer poder te conhecer! Você é a alma mais energética e vivaz que eu conheço. Eu sei que estarei na sua vida agora e no futuro. Eu te desejo tudo do melhor que você desejar para você. Sei que você vai vencer de novo e eu estarei presente para testemunhar. Curta sua vida e aprenda com esta experiência.

Com amor,

K.

Nina

Não é um adeus, nos veremos em breve. Agradeço a Deus por ter compartilhado com você este lugar e por nossa amizade. Muitas aventuras no esperam e muitas coisas para vivermos juntas.

Te adoro.

Joana

    Essas foram algumas das mensagens que recebi e chorei, chorei de emoção com elas, mas também de tristeza, pois ao mesmo tempo que eu as via felizes, também sabia que era muito dolorido... Uma amiga estava indo embora e o significado de amizade ali tem um peso muito grande, naquele local é tudo muito difícil, estão todas ao extremo da dor humana e a conexão que se cria na catarse é muito forte, é visceral!

21 DIAS DE QUARENTENA

Acordei e já tinha autorização para me mudar. Podia ir escolher o meu quarto, teria de estar definitivamente do outro lado antes das 4 horas da tarde.

Tinha decidido que ficaria ali até o último minuto para poder ter mais tempo com as minhas amigas.

O prédio da quarentena tinha mudado, era um que estava desativado. Devido ao fato de o número de pessoas aumentar, tinha sido aberto, e o local que eu havia feito quarentena estava lotado de gente vivendo lá. Porém, o prédio não tinha sido aprovado para receber o programa de treinamentos para cachorros, porque estava infestado de bolor preto, que é altamente cancerígeno. Chocante ou não, era a realidade e esse prédio estava passando por uma reforma/maquiagem para ser aprovado, a fim de que a verba do projeto não fosse perdida.

O prédio "novo" da quarentena era inabitável. Quando entrei, o impacto foi chocante: a estrutura do prédio era igual à dos demais, mas logo ao entrar o cubículo da esquerda, que ficava entre um corredor e outro, estava todo destruído, cheio de escombros, buracos na parede, pedaços de concretos espalhados e buracos no chão, com faixas amarelas proibindo a passagem.

O corredor do lado esquerdo era superescuro devido à posição do prédio, praticamente todas as luzes estavam queimadas. Do lado direito era bem iluminado, recebia muita luz, mas em todos os cubículos tinham pessoas.

Algumas delas eram bem estranhas, eu nunca havia trocado nenhuma palavra com elas. Tinha uma que, sempre que me via, dizia num tom de carinho: *"filha da puta, nunca vou entender como você veio parar neste lugar"*, e me dava sempre um tapa no braço. Essa mulher falava alto, mas muito alto, não era capaz de cinco minutos de silêncio.

Fui obrigada a escolher um dos cubículos do lado esquerdo, mas já de olho em um do lado direito, pois uma das meninas iria embora em um dia e, então, pediria para mudar. Limpei tirando as carcaças de baratas e aranhas mortas por ali e, mais tarde, eu mudaria. Não queria imaginar encontrar aquelas aranhas vivas, porque mortas elas já eram consideravelmente grandes e eu sempre tive pavor.

O prédio todo fedia a esgoto, mas do lado esquerdo, que era de onde vinha, o cheiro era insuportável, e olha que eu estou longe de ter um bom olfato. Enfim, minha única opção, bem como o que me dava força para estar ali, era saber que em 21 dias eu iria embora daquele lugar e tudo isso ficaria na memória, seria história para contar e um aprendizado enorme para a vida.

Quarto escolhido, voltei para jogar com Kelly que, por coincidência para minha alegria, estava de folga, aproveitamos o último dia. Lembro-me de uma cena em que nos sentamos para descansar no chão em cima de uma pedra, apoiando uma nas costas da outra. Ficamos em um longo silêncio, senti tanta cumplicidade, amizade, fui tomada de uma imensa paz, me senti grata por ter conseguido passar por tudo aquilo, permanecer forte, não me corromper por nada e com a certeza de que aquela experiência havia me mudado muito e para sempre.

Liguei para minha mãe, que estava superfeliz por mim, e para Carlos, que estava viajando para fora do país, ele demonstrava felicidade genuína com a minha saída de lá, mas, como homem, estava frio, vazio e parecia anestesiado. Quando eu cheguei ao presídio, no começo, dizia que queria ir me visitar e mostrava sentir saudades, porém, já não sentia isso; percebi que até o fato de ele ir me buscar era porque sentia que era o certo a fazer, não porque tinha desejo em fazer. Meu coração estava aflito, com medo e apertado, Carlos era minha única família nos Estados Unidos, precisava dele mais do que nunca.

Até então, a quarentena estava bem mais tranquila comparada com a que fiz para entrar. Tínhamos mais liberdade e, no fim de semana, como já comentei, era um descontrole total.

Eis que, um dia, estou lá fora fazendo exercícios, vejo que chegam várias meninas e, no meio delas, estava Jes. Fiquei muito feliz em revê-la, estava muito mais magra e sempre com um sorriso lindo; quando me viu, ficou muito feliz, dei meu número de quarto. Assim que se instalou no seu cubículo, foi ao meu para colocarmos o papo em dia.

Era o aniversário dela, preparei algumas comidas com que eu tinha e ela podia comer, ficamos horas conversando. Jes havia passado por coisas terríveis, sendo transferida de um local a outro por quase 15 dias, tinha perdido muito peso, passou mal e chegou a pensar que morreria, pois em uma das instituições diziam que não tinha o suprimento para a troca da bomba de insulina. Muitas vezes, recebia somente ovo cozido e, em uma das transferências, ela ficou em presídio de alta segurança, onde as celas eram trancadas; banhos, somente duas vezes na semana; tinha uma hora de banho de sol, que acontecia em um local que era de cheio de grades, de cima a baixo, coberto de grades também, igual a uma gaiola. Eu não consigo imaginar toda a dor, sofrimento e medo que essa mulher passou no decorrer desse tempo.

Nos Estados Unidos, assim como em qualquer parte do mundo, existem instituições que ajudam prisioneiros em suas necessidades para que estejam bem e possam voltar à sociedade. No caso da Jes, uma das presas que ela havia conhecido no campo, que era judia, entrou em contato com uma instituição, a qual começou a brigar pelos direitos e deveres de Jes, conseguiu que ela fosse devolvida ao campo para estar mais próxima de sua família; além disso, que o governo disponibilizasse os suprimentos de que necessitava para diabetes.

Essa instituição que havia ajudado Jes também tinha conseguido que uma senhora, dona de hospitais, de quase 70 anos, a qual já havia cumprido oito anos de pena e tinha mais 16 anos pela frente, fosse autorizada a cumprir o resto de sua sentença na prisão domiciliar.

Eu já havia trocado de quarto e estava em um bem melhor, o quarto anterior não tinha condições, além de feder não tinha vidro, a janela estava fechada com um plástico e chovia dentro. O quarto para o qual eu tinha mudado era como uma suíte cinco estrelas comparado com aquilo, até vista para o pôr do sol eu tinha.

A quarentena estava lotada, todos os dias chegavam mais e mais pessoas; aquela quarentena podia ser tudo menos efetiva: caso alguém chegasse contaminada, era questão de tempo para que se alastrasse pelo campo, o qual não tinha absolutamente nenhuma estrutura para controlar uma pandemia.

Uma menina que chegou me impressionou muito, pois usava a sua inteligência para o mal. Ela trabalhava com prostituição e tráfico humano, de dentro da prisão, coordenava em suas ligações os pagamentos e as ações. O telefone ficava do lado do meu quarto e eu escutava as ligações, mas ela falava na maioria das vezes por código e não conseguia entender nada. Como os minutos de telefone dela não eram suficientes, com o tempo, entendi que ela comprava minutos de outras meninas. Mas isso aconteceria, sem dúvida, até ela entender que era fácil conseguir um telefone celular, era só querer e, certamente, ela era o tipo de pessoa que não se importaria em fazer algo errado para ter um.

A senhora Cristina sempre dizia para que nos cuidássemos, porque se uma se contaminasse reiniciaríamos a quarentena. Ficávamos apreensivas, mas não tinha muito o que fazer.

Jes vinha ao meu quarto sempre pelas manhãs para tomarmos café juntas. Em um dia ela não apareceu, então decidi ver o que aconteceu, ela estava doente e com febre, foi levada para a enfermaria e não voltou mais: ela tinha testado positivo para covid.

As pessoas que estavam em quarentena comigo jogaram suas frustações em mim, porque a Jes vivia ali embaixo comigo e poderia ter contaminado todas. Mas estava todo mundo em todos os lugares, não era justo colocar essa frustração em mim, estava tudo muito tenso e não sabíamos o que iria acontecer.

Às vezes, pensamos que algo não pode piorar, mas, sim, pode; o campo entrou em *outbreak*, que no significado fiel da palavra significa SURTO.

Ninguém podia se locomover e recebemos ordens para não sair dos prédios e, então, começaram a testar pessoas, e mais e mais gente testou positivo. Nesse dia chovia, todos que trabalhavam lá usavam Equipamento de Proteção Individual (EPI), víamos pessoas e mais pessoas saindo com seu colchão e sendo levadas pelos oficiais para a sala de visita; lá seria a área de isolamento, nem banheiro com chuveiro tinha.

Não sabiam o que fazer com as pessoas que tinham sintomas e testavam negativo por falta de espaço. Até que decidiram que as colocariam na sala de televisão e jogos, que ficava no meio do campo e era bem aberta, sendo 80% das paredes com vidro; eu chamava aquilo de aquário.

Pois bem, nossas datas de saída tinham sido mudadas, todas nós começaríamos a quarenta novamente até que tivéssemos o teste negativado.

Eu já estava há 15 dias na quarentena e teria de recomeçar do zero; agora seriam 23 dias ao invés de 21.

Mesmo dentro do caos, onde ninguém podia sair, continuavam aceitando presas novas no campo, expondo quem chegava e a nós, que já tínhamos testado negativo. Aquilo era um absurdo, mas ali somos números, e números significam ganhos, se parassem de receber pessoas, deixariam de receber mais verba. Era revoltante tudo aquilo!

Os dias passaram a ser caóticos, muitos gritos, nervos à flor da pele, umas contra as outras, discussões o tempo todo e, sobretudo, as coisas estavam fora do controle. Os administradores do campo não sabiam o que fazer, aquilo nunca havia acontecido antes. Em alguns dias, havia um rolo de papel higiênico para oito pessoas, sem produtos de limpeza, sem álcool em gel.

O andar de cima estava lotado, quatro mulheres mais da barra pesada que estavam no meu piso proibiram as outras presas de descer e, se apontavam a cara na escada, a briga começava, mas embaixo era o único lugar onde tinha máquina de água fervendo, que é como ouro naquele lugar, e água normal, elas tinham de descer! Chegou ao ponto de duas senhoras quase se agredirem, só não aconteceu porque separamos. No nosso piso, éramos oito mulheres, quatro brancas e quatro negras, de repente tudo se dividiu: negros contra brancos, até no nosso próprio andar havia discussões horríveis todo o tempo. Eu me isolei no meu quarto e treinava, comia e ficava ali, como se tivesse atrás das grades.

Queria desaparecer daquele lugar, já estava no meu limite, estava naquele buraco sem direito de ir e vir, sobre minha vida, meu limite já estava chegando ao topo.

Após a onda de contágio, passamos a ter a temperatura medida todos os dias, mas eram as únicas coisas que podiam fazer. As pessoas que trabalhavam ali tentavam fazer o possível, mas eram poucas, estavam visivelmente cansadas, estressadas, com pouco material para atendimento. Era difícil para elas também, tinham de fazer o que fosse necessário, mas seguiam ordens e, por mais que algumas vezes demonstrassem suas frustações a ponto de nos contarem, aquilo era o trabalho delas, dentro do que podia, tinha de ser feito.

Com o passar do tempo, algumas pessoas voltavam do isolamento, enquanto outras testavam positivo e iam para lá. Jes voltou e contou muitas das coisas que tinham acontecido; era terrível, elas chegavam doentes e com febre à sala que seria o local de repouso. Lá não havia camas, então os oficiais, com medo de se contaminarem, deixavam camas para serem montadas na porta da sala de visitas, as doentes tinham de montar. A comida não era suficiente, banho não tinha, a água estava sendo servida em um pote sujo, pediram para chamar o tenente para que pudessem conversar, até que ele apareceu e pediu que fosse comprado um novo recipiente para água.

Foram dias terríveis para quem estava doente e para quem estava em quarentena!

O dia de voltar para a casa se aproximava, a ansiedade aumentava e o medo de me contaminar também.

Carlos iria me buscar no campo e viajaríamos uma hora para pegar o avião. Devido ao fuso horário, eles me autorizaram a sair mais cedo que as outras pessoas que estavam indo embora, para que não corresse o risco de perder o voo. Todas poderiam sair após às 7h30; eu deixaria o campo às 6h30 da manhã.

Passagens de avião compradas, já nem dormia à noite de medo de que algo acontecesse e eu não pudesse ir embora. Havia pedido para que Carlos enviasse uma roupa para mim, assim, poderia sair dali vestida com minhas próprias roupas.

Ele perguntou o que eu gostaria de comer e eu lhe disse. Sonhava em colocar minha roupa, reencontrá-lo, chamar a minha mãe e vê-la na câmara, comer algo decente, gostoso, tomar banho no meu banheiro, me ver nua, ver meus cachorros, dormir na minha cama etc.

Tinha sido forte até aquele instante e, graças a Deus, faltava muito pouco para chegar ao momento em que eu poderia ser frágil, amada e cuidada.

Os preparativos no dia anterior estavam a todo vapor, doei tudo que tinha entre roupas, objetos, comidas etc. para pessoas que precisavam e de que eu gostava. Arrumei meu cabelo, fiz minha unha e, na tentativa de dormir e acordar quase umas 5 da manhã para ficar esperando a hora que me chamassem, passei quase a noite em claro.

VOLTA PARA CASA

Por fim, o momento mais esperado havia chegado: eram 6h30 quando anunciaram meu nome no alto-falante, tinha chegado a hora que eu deixaria aquilo tudo para trás. Chovia muito e tinham algumas amigas lá fora de guarda-chuva me dando tchau, fui acenar para elas e a oficial me disse: *"Não fale com elas, ou você prefere ficar aqui?"*.

Fiz um gesto para as meninas como seu eu tivesse um zíper na boca e mandei um beijo no ar.

Entrei na sala onde havia entregado meus documentos quando cheguei, mas agora estava ali para ir embora. Troquei de roupa, assinei uns papéis e a oficial disse que eu estava liberada.

Com um saco de lixo na cabeça para me proteger da chuva saí correndo, literalmente correndo, como se estivesse fugindo para que não existisse a possibilidade de alguém pedir para eu voltar.

Entrei no carro, abracei, beijei e apertei Carlos, eu estava tão feliz, o coração parecia sair pela boca. Quanto tempo havia esperado por aquele momento!

Na saída do campo, vejo um carro parado com um homem, peço para que Carlos pare e perguntei se ele era marido de uma pessoa que logo mais sairia. O homem disse que sim, me felicitou e perguntou a Carlos se ele estava feliz, ele não respondeu, ficou uns segundos em silêncio; o homem perguntou de novo e ele não respondeu, foi então que eu, já me sentindo mal, respondo que Carlos estava com sono. Carlos, olhando para o homem, responde friamente que não estava com sono.

Eu engoli seco, desejei felicidades a eles e fomos, preferi não tecer nenhum comentário, afinal de contas, esperei muito por aquele momento e finalmente estava livre.

Ele havia comprado um café da manhã para mim e eu comi com gosto era um pão com queijo, ovo, bacon e café com leite. Eu me deliciava naquilo como se fosse a coisa mais gostosa do mundo, falava e contava várias coisas que haviam acontecido lá, que ele nem sonhava, porque não queria contar por telefone. Que delícia era andar de carro de novo, ver tudo em movimento e estar voltando para a minha casa, para o meu lar!

Assim que o sinal de telefone ficou bom, chamei e vi a minha mãe. Que felicidade, não sei explicar o quão intensa era a minha felicidade naquele momento!

Chegamos ao aeroporto, devolvemos o carro, fizemos check-in, nada além do normal, mas tudo era feito com grande prazer e entusiasmo. Eis que embarcamos e chegamos pelo aeroporto de Miami. Eu teria de ir para a Halfway House, que era o local onde seria colocada minha tornozeleira, eu tinha horário para me apresentar.

Halfway House — além de servir de residência, as casas de passagem oferecem serviços sociais, médicos, psiquiátricas, serviços educacionais e outros similares. Elas são chamadas de "casas de passagem" devido ao fato de estarem a meio caminho entre a vida completamente independente e as instalações de internação ou correcional, onde os moradores têm seus comportamentos e liberdade altamente limitados.

Paramos rapidamente para pegar algo para eu comer, afinal de contas, não saberíamos quanto tempo eu ficaria lá e, então, seguimos para o local. Já tinha meu celular na mão e estava superansiosa para vê-lo, mas não queria olhar nada antes de chegar à Halfway House para não ter problemas. Não fazia ideia de como as coisas funcionavam e tinha escutado tantas coisas diferentes desse local que achei melhor não arriscar.

Chegando lá por volta da uma hora da tarde, o local parecia um hotel pequeno com uma recepção com vidro à prova de bala, era muito frio lá dentro. Logo ao chegar, me pediram para fazer um teste de drogas e me deixaram sentada por horas ali.

Ali entrava e saía gente o tempo todo, entendi que eram presos que moravam lá e que tinham a liberdade assistida, por alguma razão, não foram autorizados a ir para casa, ficavam ali e tinham direito de ir e vir do trabalho; logo mais, eu entenderia como tudo funcionava.

Colocaram-me para assistir a um vídeo, depois me explicaram tudo que eu poderia ou não fazer. Tive de assinar muitos papéis e responder a questionários gigantes sobre minha saúde mental, meus objetivos, planos. Mostraram-me um computador que era o local onde deveria colocar solicitações, caso eu desejasse fazer qualquer coisa. Eu colocaria todas as informações ali e, então, receberia a autorização ou não pelo sistema.

As coisas a que eu tinha direito eram:

» Sair para me exercitar por uma hora, cinco vezes na semana.

» Ir ao supermercado uma vez ao mês.
» Ao cabeleireiro, uma vez ao mês.
» Poderia solicitar para ir ao médico também.

Eu escolhi para sair de terça, quarta, sexta, sábado e domingo, às 17h30, e a autorização de movimento só era autorizada após 10 dias. Não podia nem reclamar, aquilo era um privilégio; mas meu maior privilégio era estar indo para a casa.

Colocaram a tornozeleira em mim, aquilo era pesado, pegava no osso, machucava e tinha de ser carregado uma vez ao dia. Para carregar, tinha de ficar sentada ao lado de uma tomada e conectá-la. Depois de tudo o que eu havia passado, aquilo não significava nada. Tudo assinado, tornozeleira funcionando e explicações devidamente ditas.

Eu poderia andar por toda a minha casa, ir à área externa e na frente da casa até o carro, mais que isso, não!

Qualquer movimento que fosse fazer, ir ao Halfway House, a médicos, compras, exercícios, eu tinha de ligar dizendo que estava saindo; também quando chegasse ao local e mesmo quando voltasse para a casa. Também tinha de ligar todos os dias às 9 da noite para dizer que estava bem.

Meu telefone já havia sido aprovado e eu estava pronta para voltar para casa. Por volta das 20h30 fui liberada e Carlos me pegou para irmos para a casa, contei como seria a rotina dali para frente e seguimos.

Estava com muita fome e, na semana que antecedeu minha saída, ele havia perguntado o que eu queria comer. Disse que queria cogumelos, salada fresca e carne, sonhava com carne.

Que alegria voltar para casa! Entrei em casa, brinquei com meus filhos de quatro patas e fui à geladeira sonhando com meu jantar. Ela estava vazia, perguntei a Carlos sobre a comida, ele disse que não havia comprado, que eu comesse as empanadas do almoço e que no dia seguinte ele compraria.

Decididamente, já estava mais que claro que as coisas não seriam como eu imaginava. Sentada na bancada, disfarçando minha tristeza e decepção, olho e vejo uma garrafa de uma bebida que ele não tomava, que é um dos componentes principais de um drinque muito conhecido e feminino, chamado Cosmopolitan, o qual estava longe de se aproximar de qualquer coisa de que ele gostasse, mas quem quer que tenha tomado aquele drinque bebeu muito, porque a garrafa estava quase vazia. Imediatamente, mil coisas passaram pela minha cabeça, mas eu achei que era loucura e que estava vendo coisas onde não existiam; ele poderia ter começado a tomar aquilo, enfim, fui buscando desculpas dentro da minha cabeça.

A casa está impecavelmente limpa, mas algo muito pequeno havia ficado dentro no meu quarto. Quando eu vi a prova cabal de que outra mulher tinha estado ali, foi uma das piores sensações da minha vida, eu não estava preparada para aquilo de nenhuma forma depois de passar por tanto. Foi um misto de sensações, meu coração disparou, minha perna ficou bamba, eu me perguntava o que deveria fazer, estava fragilizada, precisava dele e, se eu falasse, teria de tomar uma atitude sem olhar para trás.

Em choque, ainda tentando assimilar aquilo, peguei e mostrei para ele o que tinha encontrado e só obtive a resposta que não era para eu entrar nesse assunto. Ainda me disse que eu tinha acabado de chegar e já ia começar a encher o saco, ele estava com saudade de mim, mas eu tinha acabado de estragar tudo.

Tomei banho, coloquei uma roupa limpa, sentia fome. Ao lado da piscina, tínhamos um local de fogueira, ele acendeu, colocou duas cadeiras, um copo de uísque para ele e ficamos ali em silêncio. Ele pegou na minha mão; dentro de mim, tinha tantas perguntas, eu ainda estava tentando entender e assimilar a minha catastrófica volta, nada parecia com o que eu imaginava.

Imaginava que Carlos me daria uma flor de boas-vindas, que estivesse arrumando o jantar para me receber após o dia cansativo e estressante que eu havia tido, mas não poderia estar mais errada em relação a algo.

Fui dormir, e o momento tão esperado de estar na minha casa, na minha cama e com ele se converteu em uma noite triste, embalada pelo ronco de Carlos; praticamente, passei a noite em claro tentando assimilar minha dor.

O meu rastreador deu problemas, e um oficial me ligou de hora em hora no telefone de casa para se certificar de que eu estava lá durante toda a madrugada.

A DOR FOI TOMANDO CONTA

Levantei e já sabia que tinha de ir ao escritório para trocar o monitor do tornozelo, então foi a primeira coisa que fiz, pedi para que Carlos me levasse e logo no caminho discutimos. Cheguei e fiquei algumas horas no escritório esperando que a troca acontecesse e eles me liberassem. Estava anestesiada, lenta e sem voz, não que estivesse roca, mas era como se eu não soubesse o que pensar, falar, me sentia perdida. Foi então que recebi uma mensagem em que Carlos dizia: *"me avisa quando posso ir te buscar, quero cuidar de você!"*.

Quando li aquilo, caí num pranto de tristeza, misturado com desespero, angústia e dor. As lágrimas caíam, não conseguia controlar, pessoas perguntavam seu eu estava bem, era claro que não estava e precisava melhorar para voltar para a casa.

Confesso que a minha casa era o último lugar do mundo onde queria estar e, ironicamente, era o único lugar em que eu poderia estar quando saísse dali. Estava me sentindo sufocada, com vontade de gritar, desaparecer, era quase uma dor física.

Ainda não tinha tido tempo de assimilar tudo que havia me acontecido até então. Na prisão, eu precisava ser forte e me esforçar para conseguir passar por aquilo da melhor maneira possível; quando eu achei que poderia ser frágil, que seria amada, protegida e amparada, me deparei com uma situação totalmente adversa.

Uma das minhas melhores amigas, uma das poucas que sabiam o que se passava e morava relativamente perto, se uniu com outras três que também me acompanharam desde o começo de tudo, mas moravam em outra cidade; uma delas, até em outro estado, comprou muitas guloseimas brasileiras e, ela em nome de todas, foi me visitar. Quando abro a porta, havia várias sacolas no chão com diversas comidas, como pão de queijo, farofa, carne, bolo prestígio do meu lugar preferido e duas orquídeas. Quem me conhece sabe o quanto eu gosto de orquídea. Também trouxe umas cervejas sem álcool, tomamos várias batendo um bom papo. Aquilo me trouxe um pouco de felicidade!

Os dias foram passando, e eu e Carlos fomos nos distanciando cada vez mais. Tínhamos conversas que não chegavam a lugar nenhum, sempre pautadas em coisas e sofrimentos do passado; a comunicação, que sempre tinha sido falha por culpa de ambos, agora já era praticamente inexistente e, quando acontecia, eu acabava chorando.

Ele dizia que tinha sido só sexo com a outra, mas que não queria mais; se ofendia quando eu falava que não estávamos mais juntos, mas dizia que não estava feliz. Tudo para mim estava bem confuso e dolorido.

Como alguém poderia estar feliz passando por tudo pelo que havíamos passado e estávamos passando ainda?! Afinal de contas, eu ainda tinha três meses de prisão domiciliar, um ano de liberdade assistida, ainda teríamos uma última tentativa de acordo entre o seguro e a empresa que estava nos processando, antes de ir para o tribunal, e o dia do tribunal; o caminho ainda era longo.

Eu tinha chegado a ponto de não confiar em nada do que ele me dizia. Aquilo na minha cabeça era um tormento, um turbilhão de sentimentos, eu estava fria, após dias muito difíceis, ele resolveu sair de casa e se mudou. Nós dois éramos muito orgulhosos, e eu sabia que aquilo seria um caminho sem volta.

Entrei em desespero, me sentia cada dia pior, com a autoestima jogada no lixo, me sentia o pior dos seres humanos.

Nossa cabeça tanto tem o poder de nos elevar como de nos afundar, e eu entrei num processo de pensamentos obsessivos que me afundavam cada dia mais... Ficava tentando ligar os fatos, lembrando-me do dia em que ele não atendeu e depois brigou comigo quando perguntei o que havia acontecido; me fez sentir culpada de estar cobrando-o de não atender nas poucas vezes que ele saiu de casa, pois dizia que a tristeza e os remédios de depressão estavam acabando com ele.

Comecei a me apegar aos detalhes bobos, pegava uma foto e olhava de novo e de novo para ver se eu encontrava uma pista, escutava vídeos mil vezes e prestava atenção até no reflexo dos óculos no vídeo para ver se encontrava algo e chorava muito. Eu estava enlouquecendo, no maior sentido da palavra, nada daquilo fazia sentido e nada faria mudar o que tinha acontecido. Mas me afundava cada dia mais naqueles sentimentos, não conseguia ter essa visão de hoje, passei a respirar e viver para isso.

Os sentimentos que eu tinha dentro agora eram todos muito ruins, doloridos e feios. Estava atravessando o meu deserto, inferno, estava no fundo do poço e não ia sair de lá tão breve. Mesmo porque, aquele lugar era um local confortável para a minha dor, inconscientemente era uma forma de me afundar na dor, na tristeza e na vergonha do que era ser eu.

Já me sentia mal com o estigma de ser ex-presidiária e, então, isso passou a se somar também ao fato de ter sido traída, na minha cama, no meu lar, enquanto tinha sido retirada do mundo e passava pelo pior acontecimento/momento da minha vida, por uma das pessoas que eu mais amava e confiava no mundo. Sentia-me um nada e me perguntava o tempo todo onde é que eu tinha errado tanto para merecer tudo que estava passando. Tinha perdido minha identidade por um tempo, pois quando uma pessoa é presa, ela é reconhecida por um número e propriedade do governo; perdi minha liberdade, minha autoestima, meu respeito próprio, porque me achava um lixo e tinha vergonha de mim, me sentia humilhada pela sociedade e agora por ele; minha autoconfiança estava no chão, pois achava que nunca mais seria capaz de me refazer: havia perdido minha empresa, meu dinheiro, minha casa e agora o que eu considerava meu "marido". Estava vazia, me enxergava, mas não me via!

Eu tinha sido muito resiliente, forte e perseverante até ali, mas naquele instante tinha perdido as forças e a dor era na alma. Comecei a não ter vontade, ânimo de continuar; pensei em até fazer algo errado para voltar para o campo, porque pensava que lá estava melhor. Todo o tempo eu pensava o que estava fazendo ali, não só no espaço físico, mas também no mundo, pois sentia que o meu mundo interno e o externo tinham acabado.

Quando tudo aconteceu, eu tinha contado para outras duas amigas, que não eram tão próximas como as que citei antes, mas faziam parte da minha vida; fazíamos várias coisas juntas, viagens, conhecíamos uma a família da outra. Antes de ir para o campo, elas estavam sempre por perto, mas quando voltei, mandei mensagem para uma delas falando que eu estava de volta e a única coisa que recebi foi um "que legal". Então, perguntei se algo tinha acontecido e recebi uma resposta dizendo que ela estava muito ocupada e nunca mais falou comigo, mais uma rejeição; já a outra desapareceu sem deixar vestígios.

As decepções só foram aumentando e, com o tempo, comecei a investigar e buscar vestígios em tudo sobre Carlos. Quem procura acha, eu novamente estava me isolando do mundo.

Na maioria das vezes, estava sozinha e ia do quarto para sala e vice-versa, passava deitada na cama o dia inteiro; o tique-taque do relógio parecia ser mais lento, algumas vezes dormia muito mais que o normal e, em outras, não tinha o que me fizesse dormir. Carlos fazia as compras de supermercado para mim e, muitas vezes, ia me fazer companhia. Quando eu sabia que Carlos viria, mascarava tudo que estava sentindo, na intenção de que me visse bem bonita e enxergasse a mulher que tinha perdido. Eu tentava estar bonita e mostrar que estava bem, mas quando ele chegava de surpresa, muitas vezes, me encontrava totalmente deformada de tanto chorar. Dizia que naquele dia eu não tinha levantando bem, como se fosse uma situação isolada, mal sabia ele que aquele era o meu normal.

Quando ele ia me ver, era uma mistura de mil sentimentos; queria estar perto dele, mas não queria, queria conversar, mas sabia que não tinha conserto, sentia repulsa, tristeza, raiva, mas também sentia amor, saudade e alegria quando ele chegava, e muita tristeza de vê-lo partir e não o ter mais em casa. Estava confusa e a dor, que já era depressão, converteu-se em constantes crises de pânico.

Com o passar do tempo eu o via feliz, animado, sabia que estava saindo, conhecendo pessoas, com planos de mudar de país; falava ao telefone das coisas que estava organizando para a mudança, da casa que estava vendo, do carro que estava comprando. Aquilo me corroía por dentro cada dia um pouquinho mais e eu, numa tentativa desesperada de não me sentir tão sozinha e mal, mendigava atenção; seguia ali cheia de limitações, vendo-o ir em busca do que antes era algo que sonhávamos juntos, mas estava vivendo sozinho.

Sem dúvida, eu chorei mais naquele tempo do que havia chorado em toda a minha vida.

AUDIÊNCIA COM A GIGANTE

Recebemos a resposta do juiz sobre autorizar a seguradora para de nos defender ou não devido à cláusula do contrato para a exclusão criminal e, graças a Deus, havia sido favorável a nós. A empresa de seguro, com a qual tínhamos o seguro, tinha perdido o direito de usar a exclusão do caso criminal no tribunal e teria de nos defender.

Quando a empresa perdeu, saiu um grande peso das minhas costas, porque caso isso não acontecesse, a seguradora poderia tentar tirar os bens de Carlos, porque ele era investidor. Viver com o peso de que aquilo pudesse acontecer não foi fácil, mas eu estava esperançosa de que ganharíamos e pedia a Deus que, por favor, nos brindasse com isso, porque se perdêssemos, eu não iria aguentar.

Em uma discussão com Carlos, num rompante de raiva, ele havia me dito que, se isso acontecesse, ele se mataria e que eu me sentiria culpada para o resto da vida. Escutar aquilo na tamanha fragilidade em que eu estava foi muito difícil, acho que se perdêssemos, seria capaz de cometer uma loucura. Eu não falava, mas pensava!

Nós acreditávamos que a chance de chegar a um acordo era mínima, porque se tínhamos chegado até ali, possivelmente, a seguradora optaria por ir ao tribunal, mas nossos advogados tiraram o último trunfo da manga. Existia a possibilidade de que, se perdêssemos o caso, poderíamos processar a seguradora por má-fé.

O processo de má-fé poderia ser feito porque nossa apólice era de um milhão, mas a empresa se recusava a chegar ao valor total e tentava acordos vergonhosos. Se a gigante pedia 800, eles ofereciam 50 mil, ou seja, as proporções eram irreais e, com essas atitudes, estavam nos submetendo a um grande risco de perder o caso.

Se esse fosse o desfecho e nos ganhássemos o processo contra a seguradora, pois, segundo nossos advogados, existia uma grande possibilidade de que acontecesse, ela teria de pagar tudo que a gigante pedisse, mais todos os nossos gastos, e os valores poderiam ser exorbitantes, chegando a sete milhões de dólares.

A audiência de conciliação começou às 9 da manhã, todas as vezes que havíamos passado por aquilo, demorava não menos que sete horas e, obviamente, que aquela vez não seria diferente. O dia estava tenso, as discussões na audiência, na maioria das vezes, estavam muito acaloradas.

Eu tinha perdido tudo, mas tinha uma coisa que conseguia ter ainda, que era muito forte dentro de mim: a fé de que aquilo seria resolvido naquele dia.

Após incansáveis horas, quase perto das 9 da noite, decidiram que o acordo seria finalizado, chegando ao número de 500 mil dólares. A obrigação do seguro era nos defender, mas era absurdo pagar 500 mil para produtos que nos custaram menos de 15 mil para uma empresa de bilhões, que tem todo o dinheiro do mundo, mesmo assim, cheia de produtos falsificados pelo mundo.

Terminamos, agradecemos aos advogados e pedimos uma comida. Estava feliz por ter encerrado aquele capítulo de nossas vidas, já Carlos não mostrava grande satisfação ou empolgação.

Tinha sido um dia exaustivo, Carlos foi embora e eu fiquei ali "presa" na parede esperando a tornozeleira carregar para poder ir dormir.

O produto que havia gerado esse pesadelo interminável em nossas vidas tinha sido a ponta do iceberg na indústria médica nos Estados Unidos. Em meu WhatsApp, descobriram uma conversa de uma pessoa que tentava me vender, a qual era uma das cabeças da falsificação, que tinha vínculo empregatício com uma das maiores distribuidoras de produtos médicos do país, que foram pegas com milhões de dólares em produtos falsos. Na investigação, descobriram que essa empresa tinha total conhecimento do que estava fazendo, comprava produtos expirados, enviava para outro país para que fossem embalados manualmente e vendidos com data vigente. Assim como descobriram essa empresa, outras também faziam parte da operação ilícita e outras foram vítimas, assim como nós.

Muitas mudanças estavam por acontecer: eu mudaria de casa, Carlos de país e eu entraria em supervisão assistida por um ano.

Na supervisão assistida, teria de me reportar uma vez ao mês ao agente responsável por mim, dizer se tinha tido qualquer problema e havia limite geográfico. Poderia fazer solicitação de viagem e esperar se seria aprovada ou não, a supervisão era por um ano de duração. Nesse período, não poderia trabalhar na área médica, mas após isso poderia voltar, inclusive fazendo a mesma coisa que fazia anteriormente, com a única restrição de que não poderia vender os produtos da gigante, porque essa foi uma das condições para o fechamento do acordo. Obviamente, tendo conhecimento de como o mercado funciona e de que está cheio de produtos falsificados, não me arriscaria por nenhum dinheiro no mundo.

Parecia mentira, mas aquele pesadelo de quase três anos tinha acabado e faltavam um mês e cinco dias para a minha prisão domiciliar acabar!

A HORA DE DIZER ADEUS

O dia de tirar a tornozeleira e estar "livre" finalmente havia chegado. No dia anterior, tinha ligado para saber que horário eu poderia ir, me disseram às 7h30 da manhã. Acabei indo um pouco mais tarde, chegando lá assinei alguns papéis, fizeram teste de drogas, cortaram minha tornozeleira e fui embora. Havia se passado os seis meses da pena e mais uma parte de todo esse processo dolorido tinha sido finalizado.

Eu tinha sonhado tanto com aquele momento, mesmo antes de voltar para casa no decorrer de todos os nossos problemas! Achava que teria companhia para passar o dia, mas não foi o que aconteceu: estava sozinha, a depressão estava me corroendo por dentro e o dia, que eu esperava que fosse tão especial, foi mais triste que os outros, porque ali o peso da solidão era devastador, não tinha com quem dividir aquele instante, chorar, abraçar e festejar.

Passei o dia sozinha, à noite Carlos passou para me pagar a fim de sairmos para jantar como um casal comum. Ele como sempre distante e calado, eu o via, mas já não reconhecia, o olhar era frio, sem vida e profundo. Estava inquieta no jantar e não via a hora de voltar para a casa e não ter de ficar disfarçando que estava medianamente bem. O choro estava preso na garganta, o coração batia mais forte e passei o tempo inteiro ali no que seria meu primeiro dia de liberdade, após seis meses, camuflando a tristeza que sentia.

No caminho da casa, discutimos mais uma vez, ele me deixou e se foi!

Algumas decisões haviam sido tomadas: ele se mudaria e levaria os dois cachorros, ao longo do processo para fazer os documentos deles, eu me dei conta de que não poderia ficar sem os cães e concordamos que eu ficaria com um. Nada entre nós era simples, tudo era pesado, difícil de ser resolvido e pautado em muitas discussões. Eu não posso escrever por ele, mas estava exausta.

Eu me afundava a cada dia que passava, não me aguentava mais, precisava encontrar uma forma de sair daquele buraco negro, sem luz, profundo onde eu me encontrava. Não seria fácil, mas já sabia o que não queria; tinha chegado ao limite de sofrimento e piedade de mim mesma.

Eu já tinha feito terapia algumas vezes e havia tomado a decisão de que precisava de ajuda e, entre todos os acontecimentos, voltei a me tratar. A médica que me tratava anteriormente estava fora do meu orçamento, foi então que conheci um médico que viria a me ajudar como ninguém. Na primeira consulta, eu mal conseguia falar, era um choro de dor, desesperado. Ele disse que eu precisava de duas consultas na semana para começar a melhorar, então expliquei que não podia pagar, ele falou que uma iria fazer gratuitamente. Iniciei o tratamento!

O final do ano foi se aproximando e Carlos iniciaria sua mudança de país; finalizamos a documentação de um dos cachorros para ele ir embora e o dia de deixá-lo no aeroporto para embarcar como carga havia chegado. Mais uma tristeza acumulada, aquele cachorro convivia comigo há quase seis anos e, nos últimos meses, dormia e acordava no meu quarto me fazendo companhia, amenizando a minha tristeza. Eu amava aquele cachorro e deixá-lo ir para ser recebido por seu "pai", que já havia ido embora no mesmo dia pela manhã para outro país, dilacerou meu coração uma vez mais. Sentia que era a última vez que o veria na minha vida; só não imaginava que era de fato a última vez que o veria. Ele faleceu tragicamente após menos de três meses.

Eu mudei da casa onde vivia e fui para um apartamento na praia, com muito mais vida e movimento. Seria bom mudar de ares e estar num ambiente novo, afinal de contas, a casa em que morava era sinônimo de tristeza, depressão e sofrimento para mim naquele instante.

O Natal se aproximava e Carlos tinha prometido voltar para passar o Réveillon comigo para que eu não ficasse sozinha, mas não tinha sentido aquilo acontecer, mandei uma mensagem para ele e disse que não viesse. Passei o Natal em casa fazendo o que eu fazia de melhor ultimamente: chorar; na tarde que antecedeu o Réveillon não foi diferente.

Eis que chega a noite de Réveillon: me arrumei, coloquei uma roupa nova que tinha guardado há séculos e fui à casa de um casal de amigos jantar com eles, comemos e por volta da meia-noite e meia já estava de volta à minha casa. Sentei-me na sala, chorando e com um copo de vinho na mão fiquei pensando sobre tudo. O último dia do ano é um dia de reflexão e renovação mundial e eu tinha decidido que iria melhorar, mas não sabia ainda nem por onde começar.

HOJE EU PREFIRO CORAGEM EM VEZ DE CONFORTO

Em um determinado momento, senti que todas as portas se fecharam para mim e eu também fechei a minha porta para me relacionar com o mundo, preferi me fechar em vez de me abrir, foi um processo duradouro e longo. Hoje, depois de tudo, entendo que muitas vezes não respeitamos os sinais, optamos por ficar estagnados em alguns fatores das nossas vidas que não nos levam ao caminho da prosperidade. Então, a vida se encarrega de nos tirar da zona de conforto para que as coisas se alinhem junto aos propósitos. Então, mudamos de lugar, muitas vezes de amigos, de trabalho, de estilo de vida e recomeçamos para viver uma vida plena, com liberdade e sem medos dos julgamentos alheios.

Quando eu entrei no campo, tinha feito um acordo comigo mesma, que era não desperdiçar tempo e vida mesmo naquele local, acordo esse que honrei lindamente. Mas quando voltei para casa, fiquei meses passando pela vida no lugar onde eu achava que deveria me proporcionar totalmente o contrário.

Já estava mais que na hora de eu sair do limbo e resgatar quem eu era; sabia que esse meu outro eu estava bem escondido e coexistíamos na mesma pessoa. Tinha consciência de que para que isso acontecesse, precisava me despir do vitimismo, do meu ego e do meu orgulho. Precisava entender tudo o que estava acontecendo comigo e encontrar um caminho não seria fácil, necessitaria de muita força de vontade!

Continuava com a terapia e tinha estabelecido metas de longo e curtos prazos, como: voltar a fazer exercício físico mesmo com vontade zero, acordar mais cedo para conseguir estabelecer uma rotina de sono mais saudável, ler a Bíblia, ir até a praia e apreciar o mar pelas manhãs, voltar a me conectar com Deus, como eu estava há alguns meses, e ler livros que ajudassem na minha reconstrução!

Tinha chegado o momento em que eu precisava tomar decisões, as quais seriam pautadas em meus valores, nos meus ensinamentos, na minha vontade de ser uma pessoa melhor. Seria no meio da rotina que meu destino mudaria, não importava tudo que eu tinha passado, mais dia menos dia, tudo aquilo faria sentido.

Todas as emoções pelas quais havia passado eram passageiras, afinal, tudo que é bom passa e o que é ruim também, mas as decisões podem ser permanentes e mudar o trajeto de uma vida. Sabia que seria um longo caminho, mas eu estava disposta a trilhá-lo e, com essa mudança mental, pude sentir uma fagulha do que sempre fui: a Nina forte, determinada, altruísta, com um poder de resiliência enorme, que estava lá viva dentro de mim.

A decisão de escrever sobre tudo tinha sido um golpe de mestre, eu era obrigada a reviver coisas e lembrar o quão duro tinha sido chegar até ali, quão grande era minha capacidade de resistência, e me fez parar para pensar qual era a vida que queria levar.

Quando jovem, era considerada a ovelha negra da família e tinha tudo para não ser nada. Passei por coisas horríveis para chegar aonde cheguei, então eu já era uma vencedora! Sair de onde saí, viver tudo que vivi e passar por tudo que passei: tudo isso não era para todos, muitas pessoas teriam ficado no meio do caminho.

O ponto de partida para qualquer realização era o desejo e ele estava muito latente em mim, não iria deixar que o que aconteceu comigo me definisse, a história me pertencia, não eu a ela.

Os dias foram passando e os níveis de consciência pautados numa rotina de regaste foram ficando mais claros para o processo de renascimento. Mas para que eu renascesse, teria de entender e encontrar quais eram todas as crenças limitantes que estavam me dominando.

No processo de autoconhecimento, descobri que os sentimentos mais predominantes eram tristeza, repulsa, raiva, orgulho, ego ferido e vergonha.

A tristeza me fazia reviver tudo que me machucava; a repulsa me afastava de tudo, com medo de sofrer mais; a raiva me deixava sempre pronta para revidar ao menor sinal de sofrimento; o orgulho referia-se à incapacidade de pedir ajudar; o ego me fazia sentir menor do que eu era; e a vergonha era o sentimento intensamente forte e doloroso, que me fazia acreditar que seria rejeitada e nunca mais aceita por ninguém, pessoa não digna de ser amada pelo que era.

Eu tinha de fortalecer a minha mente e sensibilizar meu coração, me perdoar por tudo, era preciso aceitar que não importava, pois, o que quer que eu fizesse, nada voltaria, precisava me amar de novo.

Já entendia muitas coisas, mas não tinha compreensão de como eu cruzaria todas essas barreiras para que eu me sentisse melhor. Foi então que reconheci que, quando tinha tido coragem de contar para as poucas pessoas o que havia acontecido comigo em todo o processo e o que estava acontecendo, aquilo me fez sentir melhor. Entendi que precisava de coragem para aceitar que eu era vulnerável e que ambos os sentimentos coexistiam. Tinha me dado conta de que a vergonha não sobrevive quando dita, e aquilo não só mudaria como eu vivia todos os meus problemas, mas também mudaria tudo dali para a frente.

Agora a pessoa alienada que parecia estar presa, paralisada por um veneno letal, que era consumida aos poucos a ponto de não se reconhecer, estava ressurgindo e se libertando da dor.

Quando as pessoas me perguntavam o que tinha acontecido com a minha empresa, eu respondia rapidamente que tinha vendido e mudava de assunto. Não poderia criar o alicerce do meu futuro com base em mentiras e escondendo a minha história, afinal, eu tinha passado 37 anos da minha vida pautada em acertos, não poderia permitir que três anos difíceis determinassem quem eu era.

Eu me sentia muito sozinha e sem amigos; precisava encontrar como me conectar novamente com pessoas, porque seria importante para a minha saúde mental, afinal, para tudo nosso corpo nos envia sinais o tempo todo: você precisa comer senão seu corpo está em perigo, sede é sinal de desidratação, pele machucada precisa de tempo para regeneração, solidão se cura com conexão social. Estamos vivendo em um mundo que nada é suficiente e somos julgados sempre o tempo todo. Quando me dei conta, percebi que me sentia assim e que isso era sinônimo de vulnerabilidade, um lugar de luto, decepção e medo, mas também era o berço de tudo que temos fome: alegria, criatividade, fé, amor, inovação; não existe criação e inovação sem fracasso.

Conscientizei-me de que para sair do meu papel de vítima eu precisava parar de me comparar com outras pessoas, porque nossos pontos de partida eram diferentes. Não podia me comparar com alguém próximo a mim que podia viajar, porque eu não podia; alguém que estava cheio de amigos, com uma vida social ativa e eu não; com pessoas que eu via feliz, sendo que eu nunca tinha me sentido tão infeliz. Tinha e precisava usar a minha própria trajetória para ser capaz de ver a minha evolução e, então, entendi que só quando temos coragem de explorar nossa escuridão é que descobrimos o poder infinito da nossa luz.

Usando o parâmetro de um ano, fui me buscando como referência e tirando a venda dos olhos; compreendi que o passado era lugar de referência e não de permanência. E, assim, pude ver o quanto a minha vida havia melhorado em um ano, tudo que eu tinha superado, estava no caminho e seria capaz de superar isso tudo, ser plena, estar em paz e me sentir feliz de novo.

O que sabemos tem importância, mas o que somos tem muito mais, e precisamos de atitude e disposição para deixar nos sermos vistos sem máscaras. Para isso, precisaria de ousadia, vulnerabilidade, entender onde estava, contra o que lutava e aonde queria chegar.

Eu sempre tinha sido fiel a tudo que acreditava e aos meus sentimentos; me indaguei: quem era eu quando ninguém estava olhando?! Sabia quais eram os meus valores e as minhas normas morais, não negociaria a minha essência com mais ninguém, tinha passado toda a minha vida adulta, até quase 40 anos, fazendo isso, mas agora daria um basta, agora só negociaria um contrato de trabalho, o valor de algo, mas quem eu sou, nunca mais. Quem quisesse ser meu amigo ou fazer parte da minha vida, teria de me aceitar com as minhas vitórias e derrotas.

Nós não subimos ao nível das nossas expectativas, mas descemos ao nível do nosso preparo. Eu já tinha passado por tanto e esse estado de consciência me ajudou a criar uma gigantesca força dentro de mim; dali por adiante, sabia que já não tinha nada a perder, mas muito para ganhar. Depois de todo esse aprendizado, não cabia mais no local onde estava, Deus estava limpando tudo que tinha ao redor, e eu tinha escolhido coragem em vez de conforto.

Enquanto permaneci no lugar de vítima, minha visão era turva, passava o tempo todo me questionando: por que comigo? Mas quando entendi que coisas ruins acontecem com pessoas boas, a sabedoria me mostrou: por que não comigo? Afinal de contas, eu não era melhor que ninguém e estava na arena lutando pelas minhas conquistas, assim como todos.

Era assustador e perigoso se mostrar, mas nada seria mais assustador do que chegar ao fim da vida pensando: e se eu tivesse feito?

Eu já tinha um propósito, que era acabar com a vergonha, tirar a pesada armadura e me despir do medo dos julgamentos alheios, mas como eu ia fazer tudo isso, ainda não sabia.

A VERGONHA NÃO PROSPERA NA EMPATIA

Estava a mais de um ano sem ir ao Brasil, sem ver a minha mãe e família. Conversei com minha advogada e ela disse que poderia entrar com um pedido de viagem, algumas pessoas em liberdade assistida, assim como eu, conseguiam autorização. O não eu já tinha, resolvemos fazer a solicitação e, após alguns dias, foi aprovada. Eu me sentia muito feliz por poder viajar e tinha certeza de que estar no Brasil, com família e amigos amados, seria um divisor de águas na minha vida.

Mas eu ainda não sabia como ia tirar o peso das minhas costas: queria contar a verdade e me libertar de todos os sentimentos, medos que eu tinha, mas não queria sair contando para cada um, como se eu devesse uma explicação a todos. Via aquilo como cura, não como obrigação, até que me lembrei de um amigo que tinha um podcast incrível na minha cidade. Admirava muito a forma como comandava as entrevistas, foi então que respirei fundo, me enchi de coragem e decidi ligar para ele. Peguei o telefone e fiquei a ponto de chamá-lo várias vezes, até que me senti verdadeiramente pronta para fazer.

Quando ele atendeu ao telefone, tratando de controlar meu nervosismo, fiz um resumo da minha história; perguntei se ele estava disposto a me receber em seu programa para que eu contasse a minha história, ele disse que SIM.

Agora eu teria de me preparar para o dia em que me desnudaria diante de todos falando de temas tão delicados, como prisão, depressão, vulnerabilidade, medos e julgamentos.

O dia da viagem chegou, eu estava pronta e sabia que aquela viagem iria mudar minha vida para sempre. Levava comigo esperança, aprendizado, dores, amores e muita sede de vida dentro de mim.

Cheguei contando a todos que, em menos de um mês, eu participaria de um podcast, que eu tinha uma história de grande peso para contar. Ninguém, absolutamente ninguém, sabia o que eu tinha passado.

O dia chegou, minha mãe perguntou se podia ir comigo e expliquei que eu teria de passar por aquilo sozinha. Fiz cabelo, maquiagem, comprei roupa e vestida de coragem lá fui eu, quando me dei conta, tinha mais de 500 pessoas me ouvindo. Todos diziam que eu não aparentava estar nervosa, mas dentro de mim eu estava trêmula. Após aproximadamente duas horas a entrevista acabou, agradeci e fui embora.

Foi então que descobri que a vergonha não prospera na empatia; quando falei, tirei a autoridade do olhar que o outro tinha sobre mim e tomava as rédeas da minha vida de volta.

Eu passei a receber inúmeras chamadas por telefone, direct na rede social e mensagem no WhatsApp de pessoas dividindo suas dores e anseios. Foi maravilhoso, entendi que o mundo nos coloca na posição de que todos já fizeram algo, só nós que não, e não é assim. Todos nós estamos vivendo nossas batalhas, diferentes, mas não menos assustadoras que a do outro. Por isso nunca subestime a dor do próximo, as resistências são diferentes e ninguém é melhor ou pior que ninguém, somos todos seres em busca de infinitas possibilidades. Quando dividi minhas experiências e recebi a de outras pessoas, nessa troca, entendi que todos nós temos uma prisão.

Eu fui para a prisão de verdade, mas a simbologia disso é universal. Qual é a sua prisão?

RENASCI AOS 40

Decididamente, tinha feito as pazes comigo em todos os aspectos da vida, estava pronta para recomeçar aos 40 anos, idade que, para a mulher, tem uma forte simbologia.

Fiz uma festa de aniversário com amigos e família, e me sentia muito feliz e amada!

Aquele dia foi meu renascimento e meu recomeço para a vida linda e de paz que se abriu diante dos meus olhos.